Arbeitstexte für den Unterricht

Theater spielen
Anregungen, Übungen, Beispiele

VON DIETER NEUHAUS

PHILIPP RECLAM JUN. STUTTGART

Universal-Bibliothek Nr. 9588 [2]
Alle Rechte vorbehalten. © 1985 Philipp Reclam jun., Stuttgart
Bühnenskizzen: Fritz Waser, Wolfhalden (Schweiz)
Gesamtherstellung: Reclam, Ditzingen. Printed in Germany 1985
ISBN 3-15-009588-3

Inhalt

I. Teil 5

1. Konzeption 6
1.1. Skrupel 7
1.2. Realismus 8
1.3. Nachahmung des Berufstheaters 10

2. Anregungen für die Stücksuche 10

3. Bearbeitungen, Übertragungen 11

4. Ein Märchen wird dramatisiert 21

II. Teil 41

1. Fünf Schritte am Anfang einer Theater-Gruppen-
   arbeit 42
1.0. Einige Bemerkungen vorweg 42
1.1. Der erste Schritt: Man macht sich bekannt 43
1.2. Der zweite Schritt: Wir bewegen uns im Raum . . 47
1.3. Der dritte Schritt: Wir sprechen miteinander . . . 49
1.4. Der vierte Schritt: Wir lesen einen Text 52
1.5. Der fünfte Schritt: Wir gestalten szenisch Texte
     Fontanes und aus der Boulevardzeitung 55
1.6. Bilanz 57

2. Stückbeispiele: Schiller, Nestroy, Wagner,
   Brecht 58
2.1. Räumlichkeiten 61
2.2. Zusammenfassung: *Maria Stuart / Die Kleinbür-
     gerhochzeit* – Bühnenkonzept 78
2.3. *Das Rheingold* 79

3. Einrichten eines Textes – Textkürzungen 82
3.1. *Maria Stuart* 87
3.2. *Das Rheingold* 98

4.	Das Verteilen der Rollen (Besetzen)	101
5.	Szenische (Vor-)Übungen zu den Stücken	106
5.1.	*Maria Stuart*	106
5.2.	*Die schlimmen Buben in der Schule*	111
5.3.	*Das Rheingold*	112
5.4.	*Die Kleinbürgerhochzeit*	114
6.	Inszenierungsbeispiele (einzelne Szenen)	116
6.1.	*Maria Stuart*	116
6.2.	*Das Rheingold*	124
6.3.	*Die schlimmen Buben in der Schule*	128
6.4.	Zusammenfassung	132
7.	Wenige grundsätzliche Anmerkungen zum Freilichttheater	133
8.	Hilfsmittel	135
8.1.	Kostüm	135
8.2.	Maske	139
8.3.	Requisiten	140
8.4.	Licht, Projektionen	141
8.5.	Ton, Musik	144
8.6.	Zusammenfassung »Hilfsmittel«	146
9.	Programmzettel, Werbung	146
10.	Kunst und Alltag. Einige abschließende Bemerkungen	148
11.	Stücke	150

I. Teil

Als Theaterdramaturgen fragen mich Lehrer und andere Leiter von Laientheatergruppen am häufigsten nach Stücken: »Was sollen, was können wir spielen?« Wenn ich dann einige Titel nenne, die mir persönlich besonders viel bedeuten, oder wenn ich sage, daß ich im Prinzip jedes Stück, das mich interessiert, für geeignet halte, bewirkt dies meist Irritation. Rezepte wurden verlangt und nicht geliefert. Womit ich allein aufwarten konnte, waren Beispiele und Erfahrungen und der Versuch, die Vorstellungen von dem, was Theater kann, darf, soll, zu erweitern. Auf die Behauptung: »Aber Goethes *Faust* kann ich eben mit meinen Leuten nicht spielen« antwortete ich mit der Frage: »Warum nicht?« In den Antworten wurden dann viele Hindernisse genannt: »Goethes *Faust* kann ich nicht spielen wegen der Zusammensetzung der Gruppe (zu viele Frauen/Mädchen) ... der Altersstruktur (zuwenig ältere/jüngere Mitspieler) ... der Räumlichkeiten (zu kleine Bühne) ... der fehlenden Beleuchtungs-/Tonanlage ... der ungünstigen Probenbedingungen ... der mangelnden Sprechtechnik / mangelhaften Gedächtnisleistungen einiger Mitspieler ... dem unübertreffbaren Vorbild einer Aufführung im Berufstheater, Fernsehen oder Film (Gründgens' *Faust*) usw. Alle diese Gründe, Goethes *Faust* nicht zu spielen, halte ich für gewichtig. Nur: sie machen, mit der einen oder anderen Variante und Ergänzung, den Theateralltag fast jeder Theatergruppe aus. Eine solche Aufzählung verrät häufig, daß kein wirklicher Grund, keine Motivation da ist, den *Faust* zu spielen. Und hier liegt meiner Meinung nach meist das Hauptproblem bei der Stücksuche: Man sieht nur die aufgezählten Schwierigkeiten, engt den Kreis der bekannten Stücke immer weiter ein, und die Wahl wird zur Qual.

Kurzum: die Frage »Was sollen wir spielen?« schafft oftmals nicht aus Mangel an spielbaren Stücken oder wegen zu geringer Möglichkeiten einer Gruppe Kopfzerbrechen, sondern weil eine Grundkonzeption für das Theaterspielen fehlt.

1. Konzeption

Wenn sich eine Theatergruppe zusammengefunden hat, weil jeder gerne Theater spielen möchte, entsteht das große Rätselraten zumeist deshalb, weil das Warum oder das Was eher nebensächlich sind. Die Ausgangssituation ist deshalb für Gruppen mit politischem oder religiösem Engagement sicherlich leichter. Am Anfang jeglicher Spielplanüberlegungen sollte daher als gemeinsames Ziel ein bestimmtes Anliegen, ein bestimmter Inhalt stehen. Wichtig ist, sich immer wieder zu verdeutlichen, daß mit dem Theaterspielen unabdingbar das Vermitteln von Inhalten und Aussagen verknüpft ist. Der bloße Spielspaß, die reine »wertfreie« Unterhaltung existiert nicht. Die seichteste, banalste Boulevardkomödie zeigt Menschen und ihre Beziehungen untereinander und tut für zwei Stunden so, als seien Menschen und Welt so und nicht anders. Und – um die positive Seite des Spielspaßes zu nehmen – die berühmten Clowns haben mit ihren Sketchen und Späßen auf schlüssige Weise soziale Anliegen (Chaplin) oder das Lebensgefühl von Generationen vermittelt.

Unterschiedliche Anliegen, die das Theaterspielen in einer Gruppe motivieren, können sein: Mich interessiert die Geschichte unserer Stadt/Gemeinde bzw. eine ganz bestimmte Begebenheit daraus – mich interessiert das Problem der Schule, der Jugendarbeitslosigkeit, des Konsumdenkens, usw. – mich interessiert, was ein Stück von Goethe, Schiller, seine Sprache, Handlung, seine Gefühlswelt mir heute noch bedeuten, was ich heute noch damit anfangen kann . . .

Ist eine Konzeption gefunden: der Wunsch, ein Anliegen, einen Inhalt zu vermitteln, ob man dabei nun von einem Stück, einer Erzählung, einem Film / einer Fernsehsendung, einer Zeitungsnotiz / einem Zeitungsartikel, einem persönlichen Erlebnis usw. ausgeht, dann sollten die oben aufgeführten Schwierigkeiten (Zusammensetzung der Gruppe, Bühnenmaße, Probenmöglichkeiten usw.) nicht mehr als *Hemmnisse* betrachtet werden, sondern als begründende und anregende *Voraussetzungen*. Mit anderen Worten: die Gruppe sollte sich mit allen zur Verfügung stehenden Möglichkeiten eines Stückes bemächtigen, seinen Stoff für sich »nutzen«.

1.1. Skrupel

Der Versuch, ein Stück für die Absichten und Möglichkeiten einer Gruppe in Gebrauch zu nehmen, stößt häufig auf gewisse Skrupel: gegenüber dem Dichter, der ja »genau beschrieben und geschrieben« habe, »wie er es aufgeführt haben wolle«, gegenüber der Kunst schlechthin, die ja »etwas Bedeutungsvolles, dem Alltäglichen und Banalen Entrücktes ist«. Was geschieht nun, wenn sich eine Gruppe von 16jährigen Schülern über solche Skrupel hinwegsetzt und beispielsweise Goethes *Faust* aufführt? Der 16jährige Faust-Darsteller versucht dann vielleicht nicht, den alten Wissenschaftler zu spielen, der sich sein Leben lang mit scheinbar bedeutenden Projekten herumgeplagt hat und nun wegen der Kläglichkeit der Ergebnisse tief enttäuscht ist, sondern ihn interessiert vielleicht nur die Tatsache, daß da einer sehr alt, körperlich hilflos und gebrechlich geworden ist, und das *zeigt* er als Junger mit seinen Mitteln: zittrige Bewegungen, schwer schlurfende Schritte, er »mimt« einen erbarmungswürdig an seinen körperlichen Gebrechen des Alters leidenden Greis. Oder: er zieht Parallelen zu seinen eigenen vergeblichen Bemühungen um den für den Schulabschluß notwendigen Wissensstoff. Die ganz persönliche Auseinandersetzung und Meinung des Darstellers führen so zu einer überzeugenden Spielweise. Das heißt nicht, daß diese Spielweise unangreifbar ist, im Gegenteil: »werktreu« ist sie sicher nicht. Doch als Zuschauer nehme ich teil an einer Erfahrung mit einem Text bzw. mit einer Situation. Je unmittelbarer und persönlicher sich der 16jährige Schüler an den Faust wagt, um so überzeugender wird die Darstellung sein, je mehr erfahre ich über die Möglichkeiten dieses *Faust* von Goethe.

1.2. Realismus

»Nicht nur nicht werktreu, auch höchst unrealistisch ist eine solche Art, realistisches Theater zu spielen!« Gegen dieses Argument möchte ich einige Anmerkungen zum sogenannten »Realismus« machen, ohne allerdings den zahlreichen theoretischen Abhandlungen über das Thema »Realismus auf dem Theater« mit all den Definitionen und Beschreibungen weitere hinzufügen zu wollen. An einigen Beispielen möchte ich nur zeigen, daß es bei diesem »Problem« weniger um Gesetzmäßigkeiten, Regeln oder gar Vorschriften geht als vielmehr um Erfahrungen, Einstellung und Absichten der am Theater Beteiligten.

1. Wenn ein Knabe ein Mädchen, ein junger Mann einen Greis, eine Frau einen Mann spielt, sind wir beim Laientheater (?). Nicht unbedingt: es gibt eine ganze Reihe von Beispielen dafür, daß berufsmäßig betriebene Theater mit solchen »unrealistischen« Besetzungen arbeiteten. Irrte auf Shakespeares Bühne die Lady Macbeth wahnsinnig durch ihr Schloß oder erwartete Julia ihren Romeo auf dem Balkon, so war in beiden Fällen keine Schauspielerin auf der Bühne, sondern ein Jüngling oder Knabe. Der damalige Zuschauer wurde davon in keiner Weise irritiert, er wird es nicht als »unrealistisch« empfunden haben: es war die Theatergepflogenheit jener Zeit, daß es keine Darstellerinnen gab. Wenn auf manchen Wanderbühnen der vergangenen Jahrzehnte der alte Moor den Verlust seines Sohnes Karl beklagte, geschah es oft aus dem Mund eines jungen Schauspielers, der eine schlohweiße Perücke trug und tiefe Falten ins Gesicht geschminkt bekommen hatte. Das Theater hatte keinen alten Schauspieler oder konnte einen solchen nicht bezahlen, mußte seinem Publikum aber Schillers *Räuber* bieten. Und das Publikum akzeptierte, unter anderem weil es Schiller sehen wollte. (Manche berühmten Mimen haben übrigens mit solchen Auftritten ihren »Durchbruch« erlebt.) Und schließlich: wenn Schauspielerinnen zum Beispiel männliche Verhaltensweisen aus ihrer Sicht darstellen, wird auch dieser

Vorgang als etwas durchaus Normales angesehen, ganz zu schweigen von den sogenannten Hosenrollen der Pagen, Lehrjungen, Diener in Schauspiel und Oper, die traditionell von jungen Schauspielerinnen bzw. von Sängerinnen gespielt und gesungen werden.

2. Nehmen wir einen anderen Bereich des Theaterspielens: die Bühne und ihre Ausstattung. Ein Stück spielt in einem Wald oder in einem Wohnzimmer. Ist es für den Zuschauer und für das Verständnis der jeweiligen Szene nun unabdingbar notwendig, 40 Bäume, 30 Sträucher und einen blaßblauen Himmel, unter dem die Vögel hin und her fliegen, vorgezaubert zu bekommen oder ein Wohnzimmer aus dem Möbelstudio im nächsten Einkaufszentrum? Akzeptiert der Zuschauer nicht schon einen Regiehinweis auf den Schauplatz, die Art des Spielens und die dazu notwendigen oder hilfreichen Requisiten, um das Bühnenbild »Wald« zu »sehen«? Vermitteln nicht ein Sessel, ein Tisch und ein Fernsehapparat höchst eindringlich die heimelige oder unheimliche Feierabendatmosphäre?

3. Letzte Beispiele: Schüler spielen Szenen aus ihrem Alltag. Ein Großteil der Mitschüler applaudiert heftig, sieht sich und seine Probleme »richtig« dargestellt, findet die Darstellung »realistisch«. Ein Teil der Lehrer oder die Schulleitung fühlt sich angegriffen und findet die Szenen »überspitzt und unrealistisch«. Oder: Eine Studenten-Theatergruppe führt in einem Betrieb ein Stück über Probleme der Arbeiterschaft auf und erntet mitleidiges Hohngelächter. Die gleiche Aufführung, in der Universität gespielt, findet begeisterte Aufnahme . . .

Ist also Realismus = Wirklichkeit auf dem Theater eine Frage des persönlichen Interesses bzw. Standpunktes?

Fazit: »Wirklichkeit« 1 : 1 auf die Bühne bringen zu wollen wird jeder als unmöglich ansehen. Die Bühnenwirklichkeit als solche bleibt immer für sich bestehen. Indem man sich nun diese einfache Tatsache klarmacht, sollte es doch möglich sein, daß sich beim Theaterspielen neue Freiheiten eröffnen, daß Hemmungen abgebaut werden, daß man ein bißchen mutiger wird . . .

1.3. Nachahmung des Berufstheaters

Ausgespart habe ich bislang das Thema »Nachahmung des Berufstheaters durch Laienspieler«. Ich glaube, daß es dabei im wesentlichen zwei Richtungen gibt: Die verhinderten »Rühmanns«, »Gründgens'«, »Käutners« ahmen sowohl als Darsteller wie auch als Regisseure eifrig ihre großen Vorbilder nach. Da ist schwierig zu raten. Auch beim Berufstheater gibt es die, und auch dort interessieren sie mich nicht sonderlich. Die anderen möchten gerne Theater spielen und wissen ganz einfach nicht so recht, was und wie und suchen Anregungen. Und wo bekommt man die, wenn nicht beim Berufstheater, beim Fernsehen und beim Film . . . Doch das simple Übertragen dieser Anregungen auf die meist beschränkten Möglichkeiten der heimischen oder schulischen Theatergruppe führt zu Schwierigkeiten und häufig zu Enttäuschungen.
Ich möchte versuchen, Erfahrungen, die ich in beiden Bereichen (Berufstheater und Laientheater) gemacht habe, so darzustellen, daß Anregungen übertragbar und auch bei unterschiedlichen Voraussetzungen nachvollziehbar werden.

2. Anregungen für die Stücksuche

Auch wenn eine Gruppe genau weiß, warum sie Theater spielen und welche Art von Theater sie für welche Zwecke aufführen will, ist häufig die »Qual der Wahl« nicht gering. Es gibt eine scheinbar unendliche Zahl von Theaterstücken. Nur: wer kennt die alle? Und wenn man von einem interessanten Stück gehört hat: wie kommt man an den Text?
Aus dieser »unendlichen« Zahl von Theaterstücken habe ich im letzten Kapitel (S. 151 ff.) eine kleine Auswahl zusammen-

gestellt. Natürlich ist sie »subjektiv« und an meinen Interessen und Erfahrungen orientiert. Quellenangaben und Autorennamen können jedoch dem einen oder anderen Hinweis sein, selbst weiterzusuchen.

Die große Zahl der für das Laien- und Volkstheater geschriebenen Stücke ist dabei jedoch fast gänzlich unberücksichtigt geblieben. Ich möchte aber an dieser Stelle ausdrücklich eine Lanze für diese Stücke brechen. Meist wurden und werden sie von einem lokalen Autor für eine bestimmte Stadt oder Gegend, häufig im jeweiligen Dialekt, für das dort ansässige Laientheater, manchmal auch für ganz bestimmte Anlässe geschrieben. Diese Volksstücke haben einen großen Reiz und einen nicht zu unterschätzenden Wert. Mit Begeisterung erinnere ich mich so zum Beispiel an Laientheateraufführungen in Oberbayern (*Jenneweins Ende*), in der Innerschweiz (*Mordnacht von Luzern*) oder Schleswig-Holstein (*De hillige Grotmodder*).

3. Bearbeitungen, Übertragungen

Große Scheu, übertriebene Ehrfurcht, wie ich eingangs andeutete, haben viele Leute vor dem geschriebenen Wort, vor der Dichtung. Da ist man schnell bei »heilig« und »unantastbar« angelangt. Auch hier gilt es, für unsere Zwecke Hemmungen abzubauen.

Schüler kommen nicht selten ins Schwitzen, wenn sie feststellen müssen, wie ungeheuer schwierig es ist, einen fremdsprachigen Text ins Deutsche zu übertragen. Wie rasch das Übersetzen in den Bereich der Interpretation gerät, kann jeder für sich selbst überprüfen (*mehrere deutsche* Wörter als Möglichkeiten, den Sinn *eines englischen* Wortes wiederzugeben).

Einer Interpretation entgeht kein Übersetzer, der sich mit einem in gebundener Sprache oder in einer älteren Sprachform abgefaßten Text beschäftigt. Die persönlichen Interessen, Kenntnisse, Meinungen und Erfahrungen schlagen sich – bewußt oder unbewußt – zwangsläufig in der Übersetzung nieder. Wird die Arbeit für einen bestimmten Zweck angefertigt (eine Theateraufführung oder eine wissenschaftliche Arbeit zum Beispiel), bestimmt der jeweilige Zweck die »Tendenz« der Übersetzung entscheidend mit. Aus der großen Zahl der Shakespeare-Übersetzungen der letzten zwei Jahrhunderte greife ich zur Verdeutlichung einige Beispiele heraus:

Die bekannteste Übersetzung von Schlegel–Tieck gilt in Deutschland als »der Shakespeare«, ohne daß berücksichtigt wird, daß sie zu einer uns schon sehr fernen Zeit mit ihrem Lebensgefühl und ihren Lebensvorstellungen verfaßt wurde und dadurch schon eine – wenn auch hervorragende und wichtige – *Interpretation* darstellt . . .

Auch der Opernfreunden geläufige Theater-Streitpunkt, ob Opern in ihrer Originalsprache gesungen werden sollen oder in einer deutschen Übertragung, soll hier angeführt sein, um zu verdeutlichen, daß bei einem fremdsprachigen *Schauspiel* jeder Zuschauer es für selbstverständlich hält, eine eingedeutschte, d. h. übertragene Fassung vorgespielt zu bekommen. Eine Dichtung wird also für ganz praktische Zwecke, nämlich theateralltägliche Bedürfnisse, *benutzt*.

Wenn man sich nun vor Augen führt, wie gerade die bedeutendsten Theaterautoren ohne Scheu ihr eigenes literarisches Umfeld und alles, was vor ihnen geschrieben worden ist, ausgeschlachtet, »benutzt« haben, sollten auch unsere Hemmungen etwas geringer werden können. Ob ein Shakespeare, ein Molière, ein Nestroy oder ein Brecht: sie alle haben Stoffe, Texte, teilweise ganze Szenarien und Stückpassagen anderer Autoren in eigene Stücke eingebaut und alles ihren Bedürfnissen und Notwendigkeiten untergeordnet.

Wichtig ist in diesem Zusammenhang der Hinweis, daß die genannten Autoren für den Theateralltag, für die Theaterpraxis geschrieben haben, und zwar meistens unter großem zeitlichem Druck.

Kehren wir zur Stücksuche zurück: Bei unseren angestrengten Bemühungen stoßen wir auf die Komödie *Der Geizige* von Molière und sind begeistert. Wir haben die Darsteller, wir haben den Theaterraum, wir haben unser Thema; nur: diese altertümliche Sprache ist so schwer zu sprechen, noch schwieriger zu lernen, und drittens haben wir Befürchtungen, daß das Stück so, wie es ist, für unser Publikum nicht ganz das Richtige sein könnte. Was tun? Das Stück schweren Herzens beiseite legen?

Halt! Vom *Geizigen* gibt es eine schwäbische Mundartfassung (*Der Entaklemmer*) von Thaddäus Troll, der die Handlung im großbürgerlichen Milieu des 19. Jahrhunderts spielen läßt. Der berühmte Monolog des Geizigen (IV,7) liest sich in der deutschen Übertragung von Georg Goyert (Reclam-Ausgabe) so:

Harpagon (*schreit Zeter und Mordio*). Diebe! Diebe! Mörder! Räuber! Herrgott im Himmel! Ich bin verloren. Ich bin ermordet. Man hat mir die Kehle durchgeschnitten. Man hat mir mein Geld gestohlen. Wer mag der Dieb sein? Wo ist er? Wo hat er sich versteckt? Wo finde ich ihn? Wohin soll ich laufen? Wohin soll ich nicht laufen? Ist er hier, ist er da? Wer ist es? Halt, du da! (*Packt sich selbst am Arm.*) Gib mir mein Geld wieder, du Halunke. Ach – ich bin es ja selbst. Mein Geist ist verwirrt. Ich weiß nicht, wo ich bin, wer ich bin und was ich tue. Ach, mein liebes Geld. Mein liebes Geld, mein bester Freund! Man hat mir dich gestohlen. Meine Stütze habe ich verloren, meinen Trost und meine Freude. Für mich ist nun alles aus. Was soll ich noch auf der Welt? Ohne dich kann ich nicht leben. Alles ist aus, ich kann nicht mehr, ich sterbe. Ich glaube, ich bin tot und liege im Grab. Will mich denn niemand auferwecken, indem er mir mein liebes Geld wiedergibt oder mir sagt, wer es mir gestohlen hat? Ach, was sagst du? Niemand. Wer mir diesen Schlag versetzt hat, hat die Zeit genau abgepaßt. Er hat den Augenblick gewählt, als ich mit meinem verfluchten Sohn sprach. Ich hole die Polizei! Sie soll jeden in meinem Haus vernehmen und foltern: Mägde und Knechte, Sohn und Tochter und mich auch. Ach, die

13

vielen Menschen! *(Wendet sich an die Zuschauer.)* Wen ich sehe, jeder kommt mir verdächtig vor und scheint mir der Dieb zu sein. Wer spricht da? Und wovon? Von dem, der mich beraubt hat? Was für ein Lärm da oben? Ist es mein Dieb? Um Himmels willen, wer von dem Dieb etwas weiß, muß es mir sagen. Ich flehe ihn an. Ist er nicht unter euch verborgen? Alle sehen mich an und lachen. Sie sind sicher alle an dem Diebstahl beteiligt. Schnell die Polizei, die Bogenschützen und den Profoß, Richter und Folter, Galgen und Henker. Ich bringe sie alle an den Galgen. Und bekomme ich mein Geld nicht wieder, hänge ich mich selbst auf.

Bei Thaddäus Troll ist er folgendermaßen ins Schwäbische »übersetzt«:

Knaup *(in höchster Erregung).* Hebet me, i vergeß me! Diab! Raiber! Mörder! Allmächtiger Herrgott, was han i dir bloß atoa, daß du mi so gottsmillionisch schtrofscht! I ben verlore! Se hent me hegmacht! Se hent mr d'Gurgel durchgschnitte! Mer hot mr mei Geld gschtohle! Wer ka's gwese sei? Wo isch er? Wo hot er sich verschteckt? Wo fend e ehn? Wo soll e bloß naschprenge? Wo soll e net naschprenge? Isch er drenne? Isch er drusse? Isch er henne? Isch er husse? Wer isch's gwese? Halt, du Lomp! *(Packt sich selbst am Arm.)* Gib mr mei Geld wieder, du Zigeiner! Herrjesses – des ben e jo selber. I ben ganz gschuckt. I woiß net, ben e a Male oder a Weible, i woiß net, wo e be, wer e be ond was e tua. Jeggesle, mei guater Schatz, mei liaber Schatz, mei goldiger Schatz, mei gotziger Fraind, di hot mer mir weggnomme. I ben halbe he. Mein Schtecke ond Schtab, der me tröschtet, han e verlore. Fir mi isch älles aus. Was soll e no uff era solche verkommene Welt? Ohne di mog e nemme lebe. Älles isch aus. I ka nemme, i schterb, i glaub, i ben scho tot ond lieg em Grab wia dr Lazerus. Wecket me doch uff! Gebet mr mei liabs Geld wieder oder saget mr wenigschtens, wer mr's gschtohle hot. I hör Schtemma. Was sächscht? Neamerd isch do. Wer mr des atoa hot, der hot's gschickt abpaßt. Grad en dem Moment, wo i mit dem Hurasiach vom-a Bua gschwätzt han. I hol d'Polizei. Älle werdet se vernomme. Älle werdet se durchsuacht, em Haus, em Kontor ond en dr Fabrik. Älle Arbeiter, dia Tagdiab. Ond älle Menscher an de Maschena. Ond älle Kender, wo bei mir schaffet. Des ganze Sozialischtapack. Aber erscht noch Gschäftsschluß. Ond älle em Kontor miasset ens Gfängnis. Mei Associé, dr Prokurischt, dr Buachhalter ond älle Ghilfa. Aber erscht noch Büroschluß. Ond älle em Haus. 's Denschtmädle, dr Hausknecht, dr Verwalter. Mei Tochter ond mei verkommener Bua. Ond mi verhaft e au. Ach, dia viele, viele Leit. *(Wendet sich ins Publikum.)* Wen e aguck, von jedem moin e, er könnt's gwese sei. Hot ebber ebbes gsagt? Was hent ehr gsagt? Saget doch de Name von dera Schtehlratz, de Name! Was isch des fir a Krach, wer bockelt do? Isch des der Diab? Onserm liabe Heiland z'liab, wer ebbes von dem Verbreche woiß, muaß mr's sage. I bitt eich drom aus Gnad ond Barmherzigkeit. Hot er sich onter eich verschteckt? Älle glotzet me a ond lachet. Ihr schtecket doch älle onter oiner Decke. Schnell, d'Polizei, d'Olga-Dragoner, d'Richter ond de Henker, d'Eisern Jongfrau, Daumeschrauba, Handschella, älle uffs Schafott, Kopf ab, dr Nesebach muaß rot sei von Bluat ond dr Necker drzua. Oder noi, liaber no an Galge, uffghenkt, älle ghöret se uffghenkt, wo mir nix verrotet. Ond wenn i mei Geld nemme kriag, wisset ehr, was i no mach? No geb e's eich Lompapack. No henk e me selber uff, grad mit Fleiß ond eich zom Posse!

Wichtig ist der Hinweis, daß es diese Bearbeitungen von alten und klassischen Theaterstücken gibt. Nicht nur bekannte Autoren oder Theaterpraktiker haben solche Bearbeitungen hergestellt, sondern auch Theatergruppen selbst. So sah ich eine ins Schweizerdeutsche übertragene Fassung der Komödie *Der Frieden* von Aristophanes/Hacks. Deshalb die Anregung (entweder in der Gruppe oder durch einen beauftragten Autor/Regisseur), eigene Bearbeitungen herzustellen.

Das »Benutzen« einer solchen bekannten Vorlage kann von der inhaltlichen Wiedergabe einer Szene bis hin zu verschiedenen Möglichkeiten einer Textfassung gehen.

Als Beispiel wähle ich den Beginn der beliebten und häufig gespielten Komödie *Der zerbrochne Krug* von Kleist:

Adam sitzt und verbindet sich ein Bein. Licht tritt auf.

Licht. Ei, was zum Henker, sagt, Gevatter Adam!
   Was ist mit Euch geschehn? Wie seht Ihr aus?

Adam.
   Ja, seht. Zum Straucheln braucht's doch nichts, als Füße.
   Auf diesem glatten Boden, ist ein Strauch hier?
   Gestrauchelt bin ich hier; denn jeder trägt
   Den leidgen Stein zum Anstoß in sich selbst.

Licht.
   Nein, sagt mir, Freund! Den Stein trüg jeglicher –?

Adam. Ja, in sich selbst!

Licht.   Verflucht das!

Adam.   Was beliebt?

Licht. Ihr stammt von einem lockern Ältervater,
   Der so beim Anbeginn der Dinge fiel,
   Und wegen seines Falls berühmt geworden;
   Ihr seid doch nicht –?

Adam.   Nun?

Licht.   Gleichfalls –?

Adam.   Ob ich –? Ich glaube –!
   Hier bin ich hingefallen, sag ich Euch.

Licht. Unbildlich hingeschlagen?

Adam.   Ja, unbildlich.
   Es mag ein schlechtes Bild gewesen sein.

Licht. Wann trug sich die Begebenheit denn zu?

Adam. Jetzt, in dem Augenblick, da ich dem Bett
   Entsteig. Ich hatte noch das Morgenlied
   Im Mund, da stolpr' ich in den Morgen schon,
   Und eh' ich noch den Lauf des Tags beginne,
   Renkt unser Herrgott mir den Fuß schon aus.

Licht. Und wohl den linken obenein?
Adam.   Den linken?
Licht. Hier, den gesetzten?
Adam.   Freilich!
Licht.   Allgerechter!
  Der ohnhin schwer den Weg der Sünde wandelt.
Adam.
  Der Fuß! Was! Schwer! Warum?
Licht.   Der Klumpfuß?
Adam.   Klumpfuß!
  Ein Fuß ist, wie der andere, ein Klumpen.

Aus einer ganzen Reihe von Möglichkeiten, diesen Szenenbe-
ginn zu bearbeiten, stelle ich drei vor, die ziemlich eng an der
Vorlage bleiben und hauptsächlich die Spielsituation und das
Sprachliche betonen:

1. Spiel ohne Text

*Der Dorfrichter Adam sitzt und verbindet sich sein Bein. Er
seufzt, denn er hat Schmerzen und schlecht geschlafen. Sein
Schädel brummt, seine Hände zittern, den Verband kann er
nicht so wickeln, wie es nötig wäre, immer wieder verrutscht
er. Adam wird wütend. Da tritt, frohgemut, geschäftig und
putzmunter der Schreiber Licht ein. Seine Akten trägt er recht
bedeutungsvoll unter dem Arm. Beim Anblick des fluchenden
und ächzenden Richters bleibt er fasziniert stehen. Adam
fährt auf, sieht den sowohl wissenden als auch fragenden Blick
seines Untergebenen und wird sofort unsicher. Licht zeigt
mitfühlend auf das lädierte Bein, und Adam spielt nun seine
Version des frühmorgendlichen Sturzes auf dem glatten
Boden ohne Strauch (das Dem-Bett-Entsteigen, das Morgenlied im Munde; das Stolpern, Fuß-Ausrenken . . .). Licht zeigt
auf den Klumpfuß, Adam läßt ihn »verschwinden«, zeigt den
anderen, verwechselt seine Füße, Beinverletzungen, wird verwirrt, nervöser und nervöser . . .*

17

2. Die Situation mit einem eigenen (improvisierten) Text

Adam sitzt mit dem Rücken zur Tür und schüttet sich Jod auf sein verletztes Bein, als Licht hereinkommt.

Licht. Morgen!

Adam. Au!

Licht. Was ist denn mit Ihnen passiert, was haben Sie denn da am Bein?

Adam. Äh... Ich bin hingefallen, hier auf den Boden... Einfach gestolpert und hingefallen.

Licht. So? *(Droht schelmisch.)* Haben Sie Schlimmer letzte Nacht wieder...?

Adam. Wie, was letzte Nacht... Ich bin hingefallen, heute früh!

Licht. Wie ist das denn passiert?

Adam. Ganz einfach: ich bin aufgestanden, war guter Dinge, wollte mich waschen gehen, und da lag ich plötzlich auf dem Boden. Au! Mein Bein... *(Mitleid fordernd.)* Der Fuß tut auch entsetzlich weh!

Licht. Welcher?

Adam. Der da! *(Deutet auf den Klumpfuß.)*

Licht. Mein Gott! Ausgerechnet der...?!

Adam *(ärgerlich)*. Wieso: Mein Gott!...?

Licht. Der arme geschwollene Fuß...

3. Mundartfassung – Ruhrgebiet

Licht. Ja gez abba, ja sach ma Gevatta Adam, wat is denn mit dir passiert, wat hasse denn da am Bein?

Adam. Wat soll dat denn: Wat is denn mit dir passiert, wat hasse denn da am Bein? *(Wütend.)* Ausgerutscht bin ich! Woll! Brauchse ganich so zu kucken. Kann den Schreiber Licht natürlich nich passiern, ma ausrutschn. Woll! *(Versöhnlicher.)* Isn glatten Boden. Kann doch jedem ma passiern, ma ausrutschn.

Licht. Kann jedem ma passiern?

Adam. Ja also, warum denn nich?

Licht. Mensch! *(Lacht.)*

A d a m. Wat isn gez schon widda?

L i c h t. Hab nur grad wat gedacht . . . mußte lachen.

A d a m. Ker, Ker, Ker . . .

L i c h t. Also weisse, inne Bibel, woll, da . . . ach ne *(lacht)*, da is nämlich auch ma einer ganz schön ausgerutscht . . .

A d a m. Wat ausgerutscht . . . Inne Bibel? Hier sin mir die Quanten untern Hintern wech, hier in diesen Zimmer.

L i c h t. Also, hier . . .?

A d a m. Jawoll, hier!

L i c h t. Wann isn dat passiert?

A d a m. Also, dat war vor nich ma ne viertel Stunde. Also, ich bin ausn Bett, geh zum Klo, woll, dat heißt, ich will grade zun Klo gehn, patsch war dat Schienbein kaputt, lag ich aufe Schnauze un der Fuß warn bißken verdreht.

L i c h t. Un wat fürn Fuß?

A d a m. Wat: Un wat fürn Fuß?

L i c h t. Der dicke?

A d a m. Wat denn fürn dicken?

L i c h t. Der ohnehin schwer den Weg der Sünde wandelt!

A d a m. Also, Ker, ehrlich, wat solln dat gez widda? . . .

Diese Beispiele können ausgebaut werden: zum Schattenspiel, Tanzspiel, zur Oper, Operette, zum Musical; den Möglichkeiten sind keine Grenzen gesetzt. Für wichtig halte ich bei solchen Versionen einer klassischen Vorlage, daß der Spielphantasie der Darsteller entscheidende Hilfen gegeben werden: die Sprache ist nicht mehr Hemmschwelle; der Gefahr, gestelzt zu sprechen, entsprechend zu denken und folglich steif und bewegungseinförmig zu spielen, wird begegnet. Die elementaren Verhaltensweisen (Wut, Angst, Verschlagenheit, Diensteifer usw.) lassen sich bei solchen Texten den Darstellern viel einfacher vermitteln und ohne die sprachlichen Barrieren der ursprünglichen Fassung (»Auf diesem glatten Boden, ist ein Strauch hier . . .«, »Ihr stammt von einem lockern Ältervater . . .«) vor allen Dingen leichter nachvollziehen. Eine solche Trivialisierung gibt noch weitere Freiheiten:

– Der Schauplatz kann vom fernen Holland in die eigene Stadt oder – noch besser – in die Nachbarstadt verlegt werden.
– Als Zeit läßt sich diejenige wählen, für die man Kostüme und Dekoration hat bzw. am problemlosesten herstellen kann. (Das Stück allerdings in der Gegenwart spielen zu lassen verlangt einschneidende, sehr von der Vorlage abweichende Änderungen.)
– Die Eigenarten und Qualitäten der Gruppenmitglieder können in besonderem Maße in die Gestaltung der Rollen eingebracht werden.
– Die Verwendung von Musik – Liedeinlagen usw., wie sie bei vielen Theatergruppen beliebt sind und vom Publikum gewünscht werden – ist ungleich einfacher.
Die oben angeführten Beispiele können alle bei Proben entstehen. Man soll sich da allerdings nichts vormachen: Kaum eine Gruppe wird die Zeit und die Geduld aufbringen, auf der Basis der Improvisation ein ganzes Stück wie *Der zerbrochne Krug* textlich neu zu fassen. Eine Arbeitsgrundlage in Form eines Textes, der dann während der Proben verändert, angepaßt und von den einzelnen Darstellern »mundgerecht« gemacht wird, ist bei den üblichen Möglichkeiten der Theatergruppen wohl Voraussetzung. Das verlangt jedoch einen Bearbeiter: sei es der Gruppenleiter/Regisseur, ein Mitglied, ein Team aus der Gruppe oder gar ein beauftragter Autor (wie ich es von finanzstarken oder für solche Fälle subventionierten Gruppen hörte). An dieser Stelle muß auch an die zuständigen Verlage appelliert werden, vorhandene Bearbeitungen dieser Art zu sammeln und sie anzubieten oder solche Fassungen herstellen zu lassen.
Anzumerken ist noch, daß Trivialisierungen eines klassischen, überhaupt eines »literarischen« Stücks, wie hier von Kleists *Zerbrochnem Krug*, für den, der den Originaltext kennt, den gebildeten Liebhaber oder Theaterbesucher, schwer erträglich sein müssen. Die gedankliche und emotionale »Tiefe« geht sicherlich verloren, feine Nuancen, Anspielungen kommen nicht mehr oder kaum noch vor. Statt dessen wird ein eher grobschlächtiger Witz gepflogen, der jedoch

Mehrdeutigkeiten und Anspielungen anderer Art und für ein anderes Publikum möglich macht: kurz, *es entsteht ein neues Stück* mit anderen Akzenten.

4. Ein Märchen wird dramatisiert

Die nun folgenden Anregungen sind – ebenso wie die im vorigen Kapitel – vor allem für den Spielleiter gedacht, der zusammen mit ein, zwei engagierten Gruppenmitgliedern ein Theaterprojekt plant.

Die Vielfalt theatralischer Möglichkeiten soll erneut dokumentiert werden. Als Vorlage für unterschiedliche Dramatisierungsversionen erzähle ich dieses Märchen[1]:

Unterhalb des Gipfels eines hochaufragenden, weithin sichtbaren Berges lebte in finsterer Höhle ein feuerspeiender Drache. Er beherrschte das umliegende Land, seine Bewohner und alles was ihnen gehörte. Die Leute lebten in furchtbarer Angst vor ihm. Jeden Monat mußten sie dem Drachen 11 Kühe, 300 Schweine, viele Wagen voll Brot und Kuchen, gebackene Kartoffeln, Hühner und Gemüse bringen. Jedes Jahr aber, an einem ganz bestimmten Tag im Frühjahr, mußte dem Drachen eine Jungfrau zugeführt werden. Und das war die grausamste Pein, denn niemals kehrte eine Jungfrau zu ihren Eltern zurück. Eines Jahres, kurz vor dem bestimmten Tag, kam ein fremder, schöner Jüngling in die Gegend und trat ins Wirtshaus ein. Wie verwundert war er, als er in der Wirtsstube am Ofen des Wirtes Töchterchen sitzen und bitterlich weinen sah. Auf seine Frage erfuhr er, daß sie durch das Los bestimmt war, in wenigen Tagen dem grausamen Drachen geopfert zu werden. Da verliebte sich der Jüngling

---

1. Sowohl das Drachenmärchen als auch die Dramatisierungsentwürfe sind von mir frei erfunden worden. Ideen lieferten die bekannten Drachenmärchen und das Schauspiel »Der Drache« von Jewgenij Schwarz (siehe Stücksammlung, Kapitel 11).

21

in das Mädchen, und er beschloß, den Drachen zu vernichten. Nur wußte er nicht wie. Die Zeit verstrich, der bestimmte Tag rückte heran. Am Vorabend legte sich der schöne Jüngling unruhig zu Bett, denn noch immer war ihm nicht eingefallen, wie er den Drachen vernichten und das geliebte Mädchen retten könne. Nach traumlosem Schlaf wachte er am Morgen des bestimmten Tages auf und fand neben sich die Kleider des Wirtstöchterchens und dazu ein langes, scharfes Messer und ein glutrotes Seidentuch. Er zog die Kleider des Wirtstöchterchens an, nahm Messer und Tuch und ließ sich von den Leuten zum Drachen führen. Dieser fand beim Anblick des verkleideten, schönen Jünglings großen Gefallen an ihm. Doch unbeirrt und unerschrocken tötete der Jüngling mit Hilfe des Messers und des Tuches das Scheusal. Dann kehrte er umjubelt zu den Leuten zurück und nahm das Wirtstöchterchen zur Frau. Einige Jahre später sehen wir ihn, nun wohlbeleibt, als glücklichen Vater zahlreicher Kinder, als reichen und hochgeachteten Wirt und Bürger.

Als erste Version zeige ich jetzt den Entwurf (mit einem Szenenbeispiel) für ein *Kinderstück*:

1. Akt

Im Wirtshaus zu Kirchheim

Bevor der Vorhang sich öffnet, singt ein Moritatensänger das Lied vom grausamen Drachen Dragobert, der das ganze Land beherrscht und viel Unheil und Angst über die Leute bringt. Auf Schautafeln (oder als lebende Bilder) sieht man die beschriebenen Ereignisse.

1. Szene

Es ist Morgen, und die Wirtsstube noch vom Vorabend in Unordnung.
In der Küche hört man den Wirt zu seinem Töchterchen sprechen.

Wirt. Reinhild! Reinhild!! Wo bleibst du denn? In einer
Stunde kommen der Herr Pfarrer und der Herr Bürgermeister, und dann muß die Wirtsstube aufgeräumt sein, dann
muß alles fertig sein! Reinhild!!
Reinhild (kommt gelaufen).
Wirt. Nun beeile dich! Los!!
(Reinhild tritt nun in die Wirtsstube ein und beginnt aufzu-
räumen: Gläser zusammenzustellen, Aschenbecher zu lee-
ren. Da fällt ihr ein Glas auf den Boden.)
Reinhild. Mein Gott! (Sie kehrt die Scherben auf.)
Wirt (tritt auf). Was ist denn nun wieder los? Reinhild,
kannst du denn nicht aufpassen? Wirst du es denn niemals
lernen! Muß ich dir alles hundertmal zeigen?
(Reinhild beginnt zu weinen.)
Wirt. Heul nicht, heulen kannst du später. Jetzt wird aufgeräumt. Wenn der Bürgermeister und der Pfarrer kommen,
wollen die keine Heulsuse sehen, sondern ein fröhliches
Mädchen. Anstatt dich über dein Glück zu freuen, heulst
du. Mach weiter! Los!
(Reinhild macht weiter, weint dabei. Der Wirt geht in die
Küche zurück. Reinhild hält inne, und nun sieht man, daß
an der Wand ein großes Bild eines Drachens hängt. Dieses
Bild ist – wie ein kleiner Altar – mit Blumen und Girlanden
geschmückt. Reinhild tritt näher, betrachtet das Bild einge-
hend, schlägt dann die Hände vor das Gesicht, bricht in
lautes Schluchzen aus und hockt sich auf die Ofenbank in
der Ecke.
Der Wirt kommt, er hat sich zum Ausgehen angezogen.)
Wirt. Reinhild! Reinhild!! Was sitzt du dort in der Ecke
herum. Mach weiter! Ich gehe rasch, deine Tante und dei-
nen Onkel abholen. In 20 Minuten sind wir wieder hier!
Und hör auf zu weinen! Freu dich lieber. Hörst du, du
sollst dich freuen!
(Der Wirt geht ab.)

2. Szene

Außerhalb der Wirtsstube sieht man jetzt den jungen Hans Keck. Er singt ein Lied über sein Leben: daß es ihm gut geht, daß er durch die Welt wandert, daß er am Morgen nicht weiß, wo er am Abend schlafen wird – er ist ein sehr sympathischer Bursche. Dann tritt er in die Wirtsstube ein. Er schaut sich um, sieht niemanden, er hört Reinhild weinen. Auf seine Frage erzählt sie ihm von ihrem traurigen Schicksal: durch das Los ist sie in diesem Jahr ausgewählt worden, zum Drachen Dragobert gebracht zu werden. Sie hat schreckliche Angst. Ihr Vater und alle Leute in der Stadt tun jedoch so, als wäre es das höchste Glück, das ihr durch dieses Los zugefallen sei. Da verliebt sich Hans Keck in das Mädchen, und er verspricht ihr, sie zu retten.

3. Szene

Der Vater kehrt mit Onkel und Tante zurück. Er ist über den Gast nicht sehr erfreut. Nur widerwillig gibt er ihm Essen und Bier und gestattet, weil Reinhild darum bittet, daß Hans sich hinter dem Ofen ein Bett richten kann. Doch zunächst kommen Pfarrer und Bürgermeister und beglückwünschen Reinhild zu ihrer Wahl als Drachenjungfrau.

2. Akt

1. Szene

Sechs Tage sind vergangen, der Vorabend des Tages der feierlichen Jungfrauenübergabe ist herbeigekommen. Im Wirtshaus sitzen Hans und Reinhild am Ofen und sind sehr betrübt. Hans Keck weiß immer noch nicht, wie er den Drachen Dragobert am nächsten Tag überlisten oder gar bezwingen, wie er seine geliebte Reinhild retten soll. Da kommen der Bürgermeister und der Pfarrer zu ihrem letzten Besuch vor der feierlichen Zeremonie. Ein letztes Mal erklären sie Reinhild, wie alles verlaufen werde. Verschiedene Einzelheiten

und Sätze müssen geübt werden. Alle Anwesenden, mit Ausnahme von Hans, sind mit Reinhild sehr zufrieden.
Man geht früh zu Bett, um am nächsten Tag recht ausgeschlafen zu sein.
Sehr traurig verabschiedet sich Reinhild von ihrem Hans.
Sehr unruhig begibt sich Hans hinter den Ofen zum Schlafen.

2. Szene

Es wird dunkel, es ist Nacht, Hans muß offensichtlich eingeschlafen sein. Da öffnet sich plötzlich die Tür, ein seltsames Licht erfüllt das Zimmer, und herein kommen vier Gestalten: man erkennt einen Schneider, einen Frisör, eine Lehrerin und einen Soldaten. Sie sind allesamt verzaubert worden, weil sie in ihrem Leben ein großes Unrecht begangen haben. Nur eine gemeinsame gute Tat kann sie erlösen. Diese gute Tat wollen sie nun vollbringen. Sie wecken Hans, der nicht weiß, wie ihm geschieht. Der Schneider zieht ihm ein wunderschönes Mädchenkleid an (es ist das Festgewand für die Drachenfeierlichkeit), der Frisör setzt ihm eine Perücke auf und schminkt sein Gesicht so, daß er genau wie das Wirtstöchterchen aussieht, die Lehrerin zeigt ihm, wie man sich als Mädchen benimmt, und der Soldat gibt ihm ein Messer und ein Tuch und übt mit ihm, den Drachen zu töten. Dann verschwinden die merkwürdigen Gestalten. Hans schläft am Wirtshaustisch sitzend ein.

3. Szene

Es wird Tag. Hans wird wach und erschrickt zunächst heftig. Dann erinnert er sich und begreift. Reinhild kommt, wird von Hans über seine Verkleidung aufgeklärt und angehalten, sich rasch zu verbergen. Die große Stunde ist da. Der Wirt, der Bürgermeister, der Pfarrer, andere Honoratioren der Stadt, Verwandte kommen, um Reinhild (Hans) abzuholen. Niemand bemerkt den Betrug. In feierlicher Prozession geht es hinauf zur Drachenhöhle.
Der Moritatensänger kommt und besingt das traurige Ende, das nun auf das Wirtstöchterchen wartet.

3. Akt

1. Szene

Vor der Drachenhöhle warten alle auf die feierliche Jung-
frauenübergabe. Die Prozession kommt, Reden werden
gehalten, der Kinderchor singt ein Lied. Reinhild (Hans) wird
auf einem girlandengeschmückten Wagen vor den Eingang
der Höhle gefahren. Als Rauch und Feuer die Ankunft des
Drachen ankündigen, fliehen alle den Berg hinunter in die
Stadt zurück.

2. Szene

Der Drache kommt. Er fordert das hübsche Kind auf, für ihn
zu tanzen. Bei diesem Tanz tötet Hans den Drachen und fällt
dann in eine tiefe Ohnmacht. Es wird dunkel, und in unwirk-
lichem Licht erscheinen wieder unsere vier verwunschenen
Gestalten. Sie verwandeln Hans in seine ursprüngliche
Gestalt zurück. Es folgt ein Donnerschlag, anstelle des Dra-
chen sieht man einen großen Schatz, die vier Helfer sind ent-
zaubert und geleiten Hans mitsamt dem Schatz in die Stadt
hinunter.

4. Akt

1. Szene

Im Wirtshaus ist großer Jubel und Trubel. Man feiert den
Frieden, der nun wieder für ein Jahr gesichert ist. Erst dann
muß erneut ein junges Mädchen gefunden und geopfert wer-
den. Man singt und tanzt. Da erscheint Reinhild. Alle Welt ist
entsetzt, und man beschließt, um Unheil abzuwenden, Rein-
hild sofort zum Drachen zu bringen, vielleicht noch, bevor der
den offensichtlichen Betrug bemerkt hat. Doch in diesem
Augenblick treten Hans Keck und seine Helfer mit dem Dra-
chenschatz ein, und dem Happy-End steht nichts mehr im
Wege.

2. Szene

Einige Jahre später: Für ein großes Familienfoto stellen sich Hans Keck, seine Frau, seine 12 Kinder, der Wirt als glücklicher Großvater, die Verwandten und alle Leute, die bei dieser Geschichte dabeigewesen sind, auf und singen gemeinsam mit dem Moritatensänger ein belehrendes, fröhliches Schlußlied.

Der vorliegende Entwurf ist natürlich nur ein Rahmen, der je nach Vorstellungen und vorhandenen Möglichkeiten auch mit abweichenden Inhalten und Einzelheiten gefüllt werden kann. Dazu einige Hinweise: Es werden zwei Schauplätze vorgeschlagen, wobei die Drachenhöhle sogar woanders aufgebaut werden kann als der Schauplatz »Wirtsstube« (im Foyer oder auch vor dem Theater etwa). Auf jedem Theaterschauplatz (vom Kinosaal bis zum Kellertheater) sind die unterschiedlichsten Gestaltungsmöglichkeiten denkbar. Dekoration und Kostüme sind frei wählbar: zeitlos oder aus einer bestimmten Epoche, ganz einfach »märchenhaft-übertrieben«, phantastisch, nur angedeutet usw. Das Personal der Mitwirkenden kann von einer Kammerspielfassung (Hans, Reinhild, Wirt, Bürgermeister, Pfarrer, Drache, 1 Verzauberter bis zu den zuvor erwähnten 4 Verzauberten) ausgeweitet werden bis hin zur »großen Oper« (Onkel und Tante und andere Verwandte, Leute aus dem Volk, Lehrer und Kinderchor, Blaskapelle, Tanzgruppe . . .). Ebenso ist – wie schon angedeutet – die Anzahl der musikalischen Gestaltungsmöglichkeiten sehr groß.

Inhaltlich erscheint mir wichtig, daß es Figuren gibt, mit denen die Zuschauer sich identifizieren können. Hans und Reinhild: positive Figuren; dann andere, die kritischer zu sehen und darzustellen sind, die Widerspruch provozieren (Bürgermeister, Vater, Pfarrer), wieder andere, die Mitleid erwecken können (die Verzauberten). Die Grundstruktur ist also sehr einfach: der Spannungsbogen von gut (Reinhild und Hans) bis böse (der Drache), mit den anderen Figuren dazwischen (wobei man den Bürgermeister zum Beispiel als Feigling, den Vater als gutmütig, aber geistig etwas schwerfällig charakterisieren und so noch farbige Nuancen hineinbringen kann). Wichtig ist weiter die Ebene des völlig Phantastischen, Unglaublichen: die verzauberten Menschen, der feuerspeiende Drache, die Verwandlung des Drachen in einen Schatz.

Die Sprache kann und soll sehr einfach, alltäglich sein, die Verwendung eines Dialekts bietet sich geradezu an.

Nach dieser Kindermärchen-Version versuche ich nun, den erzählten Stoff für ein »Problemstück« zu verwenden:

Schauplatz: eine Kneipe mit einer anschließenden Wohnung.

1. Szene

Es ist Morgen, der Wirt Faltermeier sitzt über seinen Büchern und Abrechnungen. Sein Freund Meiroth kommt und berichtet ihm, daß bei der konspirativen Versammlung am Vorabend ein Spitzel gewesen sein muß. Noch in der Nacht sind einige Mitglieder des »Clubs« verhaftet worden. Jeden Augenblick könne er, Faltermeier, selbst abgeholt werden. Meiroth will versuchen, unterzutauchen. Er will von sich hören lassen. Nachdem Meiroth gegangen ist, beginnt Faltermeier hastig, verschiedene Papiere zusammenzusuchen und zu verbrennen. Seine Tochter Lisa stört ihn dabei. Ohne genaue Erklärungen zu geben, bittet er sie, einige Besorgungen zu machen.

Plötzlich stehen zwei Polizisten im Raum, dann kommt der Staatsanwalt Ferdinand Hiller. Er beschlagnahmt alles, bietet die Aussetzung der Verhaftung an und fordert Faltermeier zur Kooperation auf. Faltermeier lehnt ab, wird geschlagen. Hiller weiß, daß die Kneipe auch für auswärtige »Club«-Mitglieder Anlaufstelle ist. Faltermeier bleibt standhaft, wird mitgenommen.

2. Szene

Stunden später: Lisa wartet auf ihren Vater, in der Kneipe herrscht Betrieb. Hiller kommt, bestellt ein Bier, wartet. Meiroth kommt, entdeckt rechtzeitig den Staatsanwalt und verschwindet wieder. Hiller spricht Lisa an, gibt sich jedoch nicht zu erkennen. Lisa ist abweisend. Durch Andeutungen über ihren Vater bringt er sie dazu, mit ihm in den Wohnraum zu gehen. Dort wird er zudringlich. Sie wehrt sich. Hiller sagt, wer er ist, und klärt Lisa über die Situation ihres Vaters auf. Er fordert sie auf, ihm zu Willen zu sein. Die verunsicherte Lisa verweist auf den Betrieb in der Kneipe. Hiller schlägt vor, nach Feierabend wiederzukommen. Lisa akzeptiert unter der Bedingung, daß Hiller ihren Vater mitbringt. Der Staatsanwalt lacht, geht in die Wirtsstube und trinkt sein Bier aus. Man sieht, wie er sich mit einem anwesenden Spitzel verständigt. Die verzweifelte Lisa sieht das nicht.

3. Szene

Stunden später: in der Kneipe ist wenig Betrieb, ein Spitzel ist unter den Gästen.
Heinrich, ein Student, kommt herein. Lisa steht an der Theke, sie ist völlig geistesabwesend.
Heinrich stellt sich an die Theke.

Heinrich. 'n Bier!
Lisa. Wie bitte?
Heinrich. Kann ich 'n Bier haben?
Lisa. Moment. *(Sie bedient einen anderen Gast, Heinrich betrachtet sie fasziniert.)*
   (Pause.)
   (Heinrich blättert in einer Zeitung, wartet. Lisa kommt zurück, steht an der Theke, ist wieder geistesabwesend. Plötzlich besinnt sie sich, sieht Heinrich und stellt ihm eine Limonade hin.)
Heinrich. Ich hatte 'n Bier bestellt, eigentlich.
Lisa. Verzeihung. *(Will die Limonade nehmen.)*

Heinrich. Nee, lassen Sie nur.

Lisa. Ja, danke.

Heinrich. Ist Ihnen nicht gut?

Lisa. Nichts, nein danke. *(Sie muß wieder einen Gast bedienen.)*

Heinrich *(nachdem sie zurück ist).* Geben Sie mir zwei klare Schnäpse. Kommen Sie, ich lade Sie ein. Ich glaube, sie können einen Schnaps gut gebrauchen.

(Lisa sieht Heinrich zum ersten Mal bewußt an. Dann geht sie und holt die Schnapsflasche.)

Lisa *(schenkt ein).* Was wollen Sie? Sind Sie von der Polizei?

Heinrich *(begreift).* Können wir nicht woanders sprechen.

(Lisa zögert, dann führt sie ihn in den Wohnraum.)

Lisa. Wer sind Sie, was wollen Sie?

(Meiroth kommt.)

Meiroth *(mißtrauisch).* Komm 'nen Augenblick her, schnell . . .

Meiroth berichtet Lisa nun, daß der »Club« völlig aufgerieben ist, daß auch sie jetzt in höchste Gefahr geraten kann. Als Lisa ihre Situation beschreibt, rät Meiroth zur Flucht. Ein neuer Gast, den Meiroth für einen Polizisten hält, veranlaßt ihn zu verschwinden. Heinrich hat alles mitangehört, sagt, er könne helfen. Er gibt sich als ein auswärtiges »Club«-Mitglied zu erkennen, rät, die Bedingungen des Staatsanwaltes scheinbar zu akzeptieren, und geht dann, um nicht beschriebene Vorbereitungen zu treffen. Lisa schwankt zwischen Hoffnung und Mißtrauen. Der Spitzel fragt, ob er telefonieren dürfe.

4. Szene

Die Kneipe ist geschlossen, Lisa und Heinrich sitzen im Wohnraum. Heinrich hat ein Auto besorgt, das Lisa und ihren Vater in Sicherheit bringen soll. Lisa bittet Heinrich, gemeinsam mit ihnen zu fliehen. Heinrich sagt, daß dies nicht geht. Man merkt, daß Lisa Angst um ihn hat. Der Zeitpunkt der Verabredung mit dem Staatsanwalt rückt näher. Heinrich versteckt sich. Der Staatsanwalt kommt allein. Er sagt, daß er sich die

30

Sache neu überlegt habe und Vater und Tochter für etwas anderes brauche. Sie solle ihm folgen, der Vater warte draußen im Auto. Der informierte Hiller läßt Heinrich provozieren und von seinen Beamten erschießen. Die weinende Lisa wird abgeführt.

Anderer Schluß: *Heinrich erschießt den Staatsanwalt, greift Lisa und stürzt hinaus. Man hört draußen einen Schußwechsel, dann Stille, dann Sirenen.*

Noch ein Schluß: *Der Staatsanwalt kommt mit dem Vater in die Kneipe. Er provoziert einen Schußwechsel, der Vater wird tödlich getroffen, Heinrich verletzt. Die Beamten nehmen Heinrich fest, Hiller geht zu Lisa und nimmt sie mit sich.*

Auch dieser Entwurf ist ein Rahmen, der gefüllt werden muß und noch einige Entscheidungen verlangt.

Ein »Problemstück« ist entstanden, weil das märchenhaftentrückte Geschehen der Vorlage in uns näherliegende Zusammenhänge versetzt wurde. Wie funktioniert die Ableitung?

Die Vorlage, das Märchen, wird auf wenige Elemente reduziert: Leute leben unter fürchterlichen Bedingungen, sie werden von einer brutalen Macht beherrscht (Drache). Um unter dieser Macht existieren zu können, müssen Opfer gebracht werden. Ein einzelner Mensch lehnt sich auf, bekommt Hilfe, vernichtet den Machthaber und befreit das (die) Opfer. Soweit der Extrakt. Nun fülle ich die einzelnen Elemente mit neuen Inhalten: Macht = politisches System, der einzelne Mensch = Mitglied einer revolutionären Organisation. Indem man nun diese neuen Inhalte ausspinnt, sie konkreter macht, einen Schauplatz erfindet (der sich noch an der Märchenvorlage orientiert: eine Kneipe, allerdings konspirativer Art), beginnt die Geschichte eine eigene Gesetzmäßigkeit und ein Eigenleben zu entwickeln, entsteht so das neue Stück.

Ein »Problemstück« ist entstanden, weil an verschiedenen Stellen im Handlungsablauf unterschiedliche Lösungsmöglichkeiten von Konfliktsituationen denkbar sind.

Gleichnishaft – wie das Märchen – bleibt es in der Form des vorliegenden Entwurfes gleichwohl. Man muß sich also entscheiden, was von besonderer Wichtigkeit ist, was man selbst im Vordergrund sehen möchte: beispielsweise das *Politstück* oder das *Psychodrama*. Im Falle des *Politstücks* müßten alle Elemente, die das Unrechtssystem, die Unterdrückung der Bevölkerung beschreiben, besonders herausgearbeitet werden (eine »banale« Verhaftung, Spitzel, Gespräche der Leute in der Kneipe usw.). Das könnte so weit gehen, daß man, je nach Engagement und Einstellung, die beherrschende Macht konkret mit Faschismus, Kommunismus oder . . . benennt. Dann allerdings müssen die Fakten sehr genau recherchiert werden, oder man ist bald beim *Agitationsstück* angelangt.

Im Falle des *Psychodramas* machen die menschlichen Konflikte, die Persönlichkeitsstrukturen der Figuren und ihre Entwicklungen die Hauptsache aus: Liebe der Tochter zum Vater, beginnende und gefährdete Liebe der Tochter zum »Befreier« und die daraus sich entwickelnde Konfliktsituation. Selbst der Staatsanwalt könnte in einer solchen Version zu einer »mehrschichtigen« Gestalt werden: ein Konflikt zwischen Verliebtsein und Diensterfüllung würde auch diesen »Bösewicht« weniger schemenhaft und menschlicher wirken lassen.

Für das »Problemstück« habe ich eine »geschlossene Dramaturgie«[2] gewählt: allein die – allerdings durch die Wohnung zweigeteilte – Kneipe als Schauplatz. Das bedeutet unter anderem, daß alles, was *hinter* der Bühne geschieht, *auf* der Bühne durch Text oder Verhaltensweisen der Darsteller dem Zuschauer deutlich vermittelt werden muß: häufig eine schwierige Aufgabe.

2. Gemeint ist die Orientierung an einer strengen Form, wie sie von Aristoteles mit der Wahrung der »drei Einheiten« von Ort, Zeit und Handlung als Vorschrift für das Schreiben von Theaterstücken festgelegt wurde. Ein Stück soll an *einem Schauplatz* spielen (hier: die Kneipe), die Handlung soll sich *innerhalb von 24 Stunden* ereignen und *ein einziges Handlungsziel* verfolgt werden. Im Gegensatz dazu steht die »offene Dramaturgie«, wie wir sie in den Stücken von William Shakespeare oder im epischen Theater Bertolt Brechts kennenlernen können.

Die Handlung vollzieht sich in einem übersichtlichen Zeitraum. Das Personal ist klein. Die Sprache ist die unseres Alltags und kann auch ein Dialekt sein oder Dialektanklänge haben.

Oft stellt sich dabei aber das Problem, daß in einer Theatergruppe ein hervorragender Darsteller oder eine hervorragende Darstellerin ist, der/die jedoch nicht den lokalen Dialekt beherrscht. Sobald nun in einem Stück »auswärtige« Figuren auftreten (in unserem Entwurf: der Student Heinrich), kann problemlos ein anderer Dialekt oder die Hochsprache eingeführt werden. Außerdem gibt es immer Figuren (z. B. Amtspersonen wie Staatsanwalt, Lehrer, Pfarrer usw.), die in einem Dialektstück den sprachlichen Rahmen nicht zerstören, wenn sie Hochdeutsch reden.

Als dritte Möglichkeit, den Märchenstoff vom Jungfrauenverschleißer Dragobert für eine Dramatisierung zu nutzen, möchte ich, wenn auch nicht so detailliert wie bei den anderen Entwürfen, die Handlung eines *Musicals*, bzw. eines Stücks mit Song-Einlagen beschreiben:

Schauplatz ist das Einkaufszentrum einer mittelgroßen deutschen Stadt 1985 mit Kaufhäusern, Kneipen, Diskotheken. Hier leben und arbeiten Bürger wie du und ich. Doch der äußere Schein der allgemeinen Friedfertigkeit, Betriebsamkeit, der bürgerlich-heilen Welt trügt: in dieser Stadt geht der Schrecken um. Er heißt Drago und ist der Boß einer Bande, die den ehrsamen und auch den weniger ehrsamen Geschäftsleuten Geld abpreßt dafür, daß ihre Geschäfte dann »geschützt« sind. Held der Geschichte ist der junge Polizist Sigi, der es wagt, gegen den Widerstand seiner älteren Kollegen und Vorgesetzten, gegen die Gleichgültigkeit der Bürger und ihrer Vertreter in den Behörden den Kampf mit Drago aufzunehmen. Der Grund ist Moni, Tochter des Diskothekenbesitzers Reino. Sigi hat sich in Moni verliebt und dabei erfahren, daß es Drago gibt und daß Drago die Diskothek kurz und klein schlagen lassen will, wenn Moni nicht seine Freundin werden will. Nachdem Moni entführt und Sigi blutig geprügelt worden ist, findet er Hilfe: die Rockerbande »Bloody Drivers« hat den brutalen Überfall auf Sigi und Moni mitbekommen und anschließend befunden: »So nicht!« Die »Bloody Drivers« befreien Moni und liefern Sigi die Beweise dafür, daß er Drago festnehmen und dem Erpressungsunwesen in der Stadt ein Ende bereiten kann. Die Geschäftsleute und die Behörden atmen auf, Sigi wird befördert und kann sich nun eine kleine Wohnung leisten, die er gemeinsam mit Moni bezieht. Die »Bloody Drivers« aber bekommen im städtischen Jugendzentrum einen Raum ganz zu ihrer Verfügung überlassen.

Auch hier ist (beim Schreiben) eher ein »Problemstück«, keine musikalische Komödie entstanden. Ein Musical-Entwurf ist es dennoch geworden.

Zunächst zur Ableitung: Wie beim »Problemstück«-Entwurf werden auch hier wieder die Grundelemente der Märchenvorlage herausgenommen und mit neuen Inhalten versehen. Die beherrschten Leute sind in diesem Fall die Geschäfts-, Kneipen- und Diskothekenbesitzer in einer heutigen Mittelpunktsstadt. Die tyrannische Macht ist eine kriminelle Bande mit ihrem Boß Drago. Opfer wird die Tochter eines Diskothekenbesitzers, Held ein Polizist, der in dem Sinne von »außen« kommt, daß er plötzlich etwas erfährt, über das man in der Stadt nicht spricht, das totgeschwiegen wird. Die Hilfe kommt von »verwandelten Jugendlichen«, der Rockerbande. Ganz sicher geht alles gut aus, ganz sicher ist die Einteilung in gut und böse – mit dem Spannungsbogen dazwischen – ähnlich eindeutig wie beim Kindermärchen-Entwurf. Und ganz sicher lassen sich hier auch eine Reihe von komischen Szenen erfinden (wenn Sigi etwas begriffsstutzig durch die Stadt läuft, wenn er sich verliebt, im Umgang der – ›positiven‹ – Rocker untereinander, bei der Übertölpelung des Bösewichts Drago usw.).

Was macht dies nun zu einem Musical-Entwurf?

Den Grundstock bildet das Milieu, in dem das Stück spielt: die Kneipen- und Diskothekenszenerie einer Stadt. Dieses

Milieu lebt mit Musik, ist durch seine Musik beschrieben und bestimmt. Daraus läßt sich eine Fülle von Anregungen ziehen.

Die Hauptfiguren sind junge Leute, die ebenfalls mit der Disko-, Hitparadenmusik leben, die weithin ihre Wünsche, Gefühle, Aggressionen in dieser Musik und durch sie ausdrücken. Indem nun besonders gefühlsbetonte Szenen bzw. Passagen (Liebesszene oder »Sigi ist traurig«, »Moni ist glücklich« oder »Drago zeigt, was für ein cooler, toller Kerl er ist«) ebenso wie Szenen mit großen Aktionen (Zerstörung der Diskothek, Prügelei usw.) zu musikalischen Nummern ausgebaut werden, kann ein Musical mit Songs, Chören, Ballett/Pantomime entstehen. Die reduzierte Form eines Stückes mit Song- und Musikeinlagen ist natürlich auch denkbar.

Die Dramaturgie müßte »offen« sein. Dies bedeutet, daß es eine Reihe von verschiedenen Schauplätzen gibt: zum Beispiel Diskothek, Polizeibüro/Polizeikantine, Speiserestaurant, Zimmer von Moni, Stammkneipe von Drago, Treff der »Bloody-Drivers« am Straßeneck usw. Das Personal und der Gesamtaufwand sind umfangreicher als bei den anderen Entwürfen. Die Möglichkeiten zu reduzieren sind geringer. In jedem Fall ist eine Musik zu komponieren bzw. zu arrangieren. Eine live-Begleitung (z. B. durch eine Band) ist wirkungsvoller als die Musikeinspielung vom Band.

An drei Beispielen habe ich zu zeigen versucht, wie man sich eines alten Stoffes bemächtigen, wie man eine solche Prosavorlage für seine theatralischen Bedürfnisse, Möglichkeiten und Wünsche nutzbar machen kann.

Als Ergänzung dazu möchte ich nun eine Zeitungsmeldung anführen, die mir zufällig in die Hände kam:

Betzenstein. – Mitten im Sommer betrat jetzt ein Nikolo [Nikolaus] mit obligatem weißem Rauschebart und einer roten Mütze eine Bank in Betzenstein. Sogar ein Nikolosack baumelte auf seinem Rücken. Doch statt der Geschenke zog er eine Pistole und ließ sich bescheren. Mit umgerechnet 56 000 Schilling ergriff der falsche Sommernikolo die Flucht.

Soweit die Meldung der *Kronenzeitung* Wien vom 30. Juli 1982.
Sie liefert einen Stoff, der eine ganze Reihe von theatralischen Möglichkeiten bietet. Im Kleinkunstbereich läßt sich daraus ein Gedicht, ein Lied / eine Moritat, eine Rundfunkreportage, ein Puppenspiel, ein Schattenspiel, ein Sketch (Kabarett) entwickeln.
Ich nehme den Sketch als Beispiel: diese Zeitungsmeldung, einer Theatergruppe als Improvisationsaufgabe gestellt, wird sicherlich einen fulminanten Sketch ergeben.

Die betriebsame Kassenhalle einer Bank: der Kassierer kassiert und zahlt aus, an den Schaltern werden die Kunden bedient, an den Computern Buchungen vorgenommen, an den Schreibtischen wird telefoniert, Kunden wechseln Geld, füllen Formulare aus, warten auf ihre Ein- oder Auszahlung. Da kommt der Nikolaus-Bankräuber und ruft »Hände hoch!«.
Nun sind zum Beispiel folgende Varianten denkbar:
a) Er wird nach einer Schrecksekunde ausgelacht und zieht sich beschämt und resigniert zurück.
b) Leute werfen sich zu Boden, Alarmsignale schrillen los, Polizei kommt, und ehe der »Nikolaus« weiß, was ihm geschieht, ist er mit Handschellen gefesselt.
c) Der »Nikolaus« springt zum Schalter, rafft das Geld zusammen und verschwindet, bevor irgend jemand reagieren kann. In der Kassenhalle herrschen Aufregung, Durcheinander, Leute fallen in Ohnmacht usw.
d) Der »Nikolaus« zwingt alle Anwesenden, in der Mitte der Halle Aufstellung zu nehmen. Dann hält er jedem einzelnen eine Strafpredigt. Als »Sühne« verlangt und nimmt er alle Wertgegenstände und Geld. Das stopft er in seinen Nikolaussack. Doch mitten in dieser Aktion taucht Ruprecht in Gestalt eines Psychiaters mit zwei Krankenpflegern auf, die den »Nikolaus« beruhigen und mit sich nehmen . . .

Der Phantasie sind für weitere Varianten keine Grenzen gesetzt. Die Lektüre einer beliebigen Boulevard- oder Tageszeitung über einige Tage hin kann als Ergebnis einen Theaterabend mit Sketchen haben, die aus den unterschiedlichsten Meldungen entstanden sind. Je nach Absichten der Gestalter eines solchen Programms kann das Ergebnis ein Kabarett-Abend, ein Abend mit absurden Clown-Spielen oder eine Folge ernsthafter Bilder unserer Umwelt als Diskussionsbeitrag sein. Diese Reihe der Möglichkeiten ist fortzusetzen.

Wichtig beim Lesen und Interpretieren eines Textes für ein Theaterprojekt (ob Märchen, Zeitungsnotiz oder fertiges Theaterstück) ist das Erfinden bzw. Weiterdenken dessen, was im jeweiligen Text meist nicht oder nur ungenau steht, nämlich Vor- und Nachgeschichte. Am Beispiel unseres Nikolaus-Bankräubers möchte ich dies in zwei Versionen an Stückentwürfen demonstrieren, außerdem das Ausmalen, Anreichern, Umdeuten eines Textes erneut als Anregung geben: Version 1 ist ein »Geiseldrama« und Version 2 ein *Lustspiel.*

Für beide Versionen ist zunächst eine Vorgeschichte zu erfinden und in das Stück einzubeziehen, die das Motiv für das Nikolauskostüm als Verkleidung bei einem Banküberfall erklärt.

Version 1: *Seit Monaten ist der 35jährige, unbescholtene Werkzeugmacher Peter S. arbeitslos. Er hat ständig Streit mit seiner Frau, die halbtags als Verkäuferin arbeitet. Der 7jährige Sohn leidet unter den Spannungen in seinem Elternhaus, er wird »schwierig«. Peter S. kommt morgens heim. Er hat auf der Bank Geld abheben wollen, sein Konto war jedoch wegen Überziehung gesperrt. Er ist ärgerlich. Seine Frau ist nicht da. Doch der kleine Sohn, der die Schule schwänzt, ist zu Hause. An ihm kann er seinen Ärger auslassen. Und sein Sohn bringt ihn dabei auf den Nikolaus. Peter S. hat eine Idee . . .*

Diese Vorgeschichte könnte in einem Theaterstück mit »offener Dramaturgie« eine einzige längere Szene in der Wohnung des Peter S. sein (in der Küche vielleicht): *Peter S. kommt von der Bank zurück, er entdeckt den Sohn, später kommt seine Frau von der Arbeit . . .*[3] Bei einer »geschlossenen Dramaturgie« könnten diese Informationen Bestandteil einer Unterhaltung zwischen Peter S. und einer Geisel sein. (Man wartet auf die Erfüllung der Bedingungen des Geiselnehmers durch die Bankdirektion und die Polizei . . .)

Version 2: So etwa könnte sich ein Lustspiel anbahnen:
Die Angestellten der Bankfiliale XY in Z feiern ihr sommerliches Betriebsfest im Garten des Filialleiters unter Lampions mit Musik. Auf einen besonderen Einfall des Gastgebers hin haben sich alle verkleiden müssen. Alle tragen die üblichen Kostüme, sommerlich-luftig (Cowboy, Hawaii-Mädchen, Seeräuber und Braut . . .). Nur der Kassierer Meyer hat sich etwas Ausgefallenes ausgedacht: er ist als Nikolaus gekommen und schwitzt, entsprechend von den anderen belacht. Sehr beliebt ist Kassierer Meyer ohnehin nicht. Es wird viel getrunken – auch Kassierer Meyer macht diesmal keine Ausnahme – und zu später Stunde, nachdem der betrunkene Meyer das Fest gerade verlassen hat, beschließen die anderen für den nächsten Arbeitsmorgen einen niederträchtigen Spaß . . .

Bei »offener Dramaturgie« wäre dies die erste Szene, wobei die Situation eines Festes geradezu ideale theatralische Bedingungen bietet, die einzelnen Angestellten, ihre Beziehungen untereinander (z. B. heimliche oder offensichtliche Liebschaften) sehr plastisch zu zeigen und den eigenbrötlerischen Kassierer Meyer dabei als Außenseiter zu kennzeichnen, der einen Denkzettel erhalten soll.
Der Banküberfall selbst wird natürlich den Hauptteil der Stücke ausmachen. Bei Version 1 müßte das Bemühen um eine realistische Darstellung im Vordergrund stehen: das Ein-

---

3. Es wäre aber auch eine Vielzahl von kleinen Szenen denkbar, in denen einzelne Stationen und Situationen im Leben des Peter S. vorgeführt werden: seine vergeblichen Versuche, Arbeit zu bekommen, seine wachsende Verbitterung, Alltäglichkeiten eines Familienlebens usw. Dahinein verschränkt könnten weitere Personen des Geiseldramas als »Privatleute« charakterisiert werden: Bankdirektor, Geiseln, Polizist, Kassierer . . .

dringen in den Schalterraum, das Absichern des Raumes, die Geiselnahme, die Forderungen, die Belagerung durch die Polizei, das Warten, das Taktieren, die Krisen, das Entlassen einiger Geiseln, die Geldnahme, der Fluchtversuch, die Tötung des Geiselnehmers oder seine Überwältigung, je nachdem, welchen Schluß und welche weiteren Informationen (s. u.) man für wichtiger hält.

Nun zum Hauptteil der Version 2: *Viel früher als üblicherweise kommen die Verschwörer in die Bankfiliale, einige ziemlich verkatert unmittelbar vom Fest. Die Vorbereitungen zum spektakulären Spaß wären ohne Restalkohol im Blut und im Kopf kaum denkbar: der Filialleiter schaltet die Sicherheitsanlagen ab bzw. verständigt mit falschen Begründungen die Polizei, Feuerwehr usw. Die Uhren werden vorgestellt, einer der Kollegen wird als Nikolaus verkleidet und versteckt. Dann kommt der verkaterte Kassierer Meyer, pünktlich, wie er meint. Seine Kollegen machen ihm seine Verspätung klar. Hastig bereitet Meyer seine Kasse auf die Öffnung der Filiale vor. Kaum hat er aus dem Tresor das Geld geholt, als plötzlich, wie aus dem Erdboden aufgetaucht, der »Nikolaus-Verbrecher« vor ihm steht. Die Kollegen bekommen vor Vergnügen rote Köpfe, Kassierer Meyer ist völlig verzweifelt, als er merkt, daß alle Sicherheitsanlagen außer Betrieb sind. In diesem Augenblick erscheint ein richtiger Bankräuber . . .*

Das Nachspiel ist in beiden Stückversionen relativ kurz, da der Spannungshöhepunkt jeweils erreicht bzw. überschritten ist.

Bei der ersten Version sind folgende Möglichkeiten denkbar:

a) Peter S. wird überlistet und breitet in einem Gespräch mit dem herbeigerufenen Gemeindegeistlichen seine Lebensmisere aus.

b) Peter S. wird überredet und in eine psychiatrische Anstalt eingeliefert. Sein Nikolauskostüm wird ihm so zum Verhängnis.

c) Peter S. wird erschossen, und ein Reporter interviewt die Beteiligten.

Bei der zweiten Version endet – natürlich – alles glücklich, weil der Kassierer Meyer mit dem Mut der Verzweiflung die allgemeine Verblüffung, also auch die des echten Bankräubers, nutzt. Als Krönung der allgemeinen Freude und gegenseitigen Vergebung, in die auch der echte Bankräuber versehentlich einbezogen wird, hängt der Filialleiter ein Schild an die Tür: *Wegen Betriebsfest geschlossen.*

II. Teil

Voraussetzung für jede künstlerische Arbeit ist: das Vergnügen. Auch können sich Interesse, Anteilnahme, Mitleiden oder Mitfreude nur dann einstellen, wenn diejenigen, die all dies bewirken wollen, sich mit ihrer ganzen Person – intellektuell wie emotional – auf ihr Vorhaben einlassen. Doch mit dem Vergnügen allein ist es natürlich nicht getan. – Oftmals geschieht folgendes: Eine Gruppe von Theaterspielern hat bei den Proben viel Freude und Spaß gehabt. Bei der späteren Vorstellung müssen die Spieler jedoch enttäuscht feststellen, daß sich das eigene Vergnügen nicht auf die Zuschauer übertragen hat, daß die Resonanz bei den Zuschauern den eigenen Erfahrungen und damit verknüpften Erwartungen nicht entsprach. Meiner These vom Vergnügen als Voraussetzung für künstlerische Arbeit widerspricht dies nicht. Es hat bei den alle Mitspieler begeisternden Proben nur einen kleinen, aber schwerwiegenden Fehler gegeben: Man hat ganz einfach nicht daran gedacht, *für andere* spielen zu wollen. Das hört sich sehr banal an, bedeutet aber für viele Theaterleute – gleich ob am Berufs- oder Laientheater – oft ein beträchtliches Problem bei ihrer Arbeit. Ich habe nicht selten in Theateraufführungen gesessen und gerätselt, warum die Darsteller auf der Bühne wohl solch großes Vergnügen zeigen oder – in anderen Fällen – was die bedeutungsvollen Handlungsweisen, Sätze oder Dialoge wohl zu bedeuten hätten. Es illustriert dies just den beschriebenen Vorgang, daß sich die Gruppe bei den Proben unkontrolliert in ihrer eigenen Phantasie-, Formen- und Denkwelt bewegt hat, diese weiterentwickelte und dabei – zunächst unmerklich – den Kontakt und die Verständlichkeit nach außen hin verlor. Prominente Beispiele, wo solche Kunst-Ergebnisse in ihrer »verschlüsselten Rätselhaftigkeit« zu großer Bedeutung hinaufstilisiert werden, mögen nicht darüber hinwegtäuschen, daß die *Verstehbarkeit*, die Möglichkeit für den Zuschauer *nachzuvollziehen*, eines der wichtigsten Ziele jeglicher Theateranstrengung bleiben sollte.

Nach diesen allgemeinen Überlegungen zu einem Theater-Teilaspekt möchte ich nun zu beschreiben versuchen, wie der vorhandene Spielspaß bei einer Gruppe bewahrt, kontrolliert, gar ausgebaut werden kann.

1. Fünf Schritte am Anfang einer Theater-Gruppenarbeit

1.0. Einige Bemerkungen vorweg

1. Wichtig ist es, ein Ziel zu haben . . .
Sicher: ohne ein Stück, das man aufführen will, und ohne eine Aufführungsgelegenheit ist es kaum möglich, eine Gruppe von spielfreudigen Leuten zu motivieren und beieinanderzuhalten.
Ganz wesentlich ist es zunächst, einen Anfang zu setzen. Da halte ich es für günstig, ein Fest, ein Essen oder ein Hüttenwochenende, einen Kino-, Theater-, Konzert- oder Ausstellungsbesuch zu organisieren, um in geselligem Zusammensein Gemeinsamkeiten zu wecken und auch zu überprüfen. Die Gestaltung kann sich an den Interessen der Gruppe orientieren, muß aber nicht unbedingt zielbezogen sein.
2. Die meisten Leute haben Hemmungen: vor sich selbst, vor den anderen Gruppenmitgliedern, später erst recht vor den Zuschauern . . .
Dem Abbau dieser Hemmungen dient in der Anfangsphase einer Theaterarbeit ein großer Teil der gemeinsamen Übungen. Dabei wirkt sicherlich erschwerend, daß unsere Schulausbildung in erster Linie den Verstand anspricht, daß der Körper (trotz Sport), die Sinne, die Emotionen sich im (Selbst-)Bewußtsein der meisten mit einem Schattendasein begnügen müssen, wenn nicht gar schon Verkümmerungen eingetreten sind. Dies äußert sich darin, daß wir zwar alle gelernt haben, über einzelne Sätze, Szenen, Rollen zu *diskutieren*. Das *Lebendigmachen* eines Satzes – und sei es nur durch engagiertes anschauliches Lesen – aber fällt schon erheblich schwerer. Das Diskutieren verführt dazu, Rollen

oder Szenen aus einer scheinbar objektiven Haltung heraus anzusehen: Nichts ist tödlicher für die theatralische Umsetzung eines Textes.

Ich will jetzt nicht einer Diskutierfeindlichkeit das Wort reden, obwohl viele Theatergruppen die Schwierigkeiten der Endlos-Diskussionen kennen und ihnen nicht zu begegnen wissen. Nur glaube ich, daß der Anfang einer Theaterarbeit weniger durch die *Theorie* (das Gespräch) als durch (praktische) *Aktionen* bestimmt sein sollte. Die eingangs erwähnten Hemmungen über Gruppengespräche abbauen zu wollen, wäre eher Sache einer Selbsterfahrungs- als einer Theatergruppe und würde dazu einen völlig unrealistischen Zeitaufwand erfordern.

Bestandteil der Aktionen sollte von Anfang an das ständige gemeinsame Üben des Assoziierens sein: kennenzulernen, daß es beispielsweise nicht nur *eine* Bedeutung für ein Wort oder einen Satz gibt, d. h. einen großen Reichtum an Möglichkeiten, der zu wenig gepflegt und noch weniger genutzt wird.

Ein letzter Hinweis: Gesellschaftsspiele, Geschicklichkeitsspiele usw. kennt fast jeder aus der Schule, der Jugendgruppe oder Familie. Daß das Theaterspielen mit diesen Spielen Wesentliches gemeinsam hat, sollte als wichtiger Punkt festgehalten werden.

1.1. Der erste Schritt: Man macht sich bekannt

Die Grundsituation zu Beginn jeglicher Gruppenarbeit: einige kennen einander nicht, bzw. fast alle sind einander ziemlich fremd. Eine ganze Anzahl von Spielen nimmt dies als Ausgangspunkt. Dabei halte ich es zunächst nicht für vorteilhaft, jeweils einen einzelnen als Gegner/Partner aus der Gruppe auszuwählen. Besser ist es, der Gruppe als ganzer eine kollektive Spielaufgabe zu stellen.

1. *Einladung:* Jeder Spieler hat eine exklusive Einladung erhalten. Ein berühmter Schauspieler (Sänger, Politiker . . .)

43

bittet, an einem bestimmten Tag zu bestimmter Stunde an einem bestimmten Ort zu sein, dort erwarte ihn/sie eine besondere Überraschung. Nacheinander treffen nun alle Mitspieler an diesem Ort ein. Der Schauspieler ist jedoch nicht dort. Jeder ist überrascht und enttäuscht, auch andere mit derselben Einladung vorzufinden ...

Für diese Improvisation, die man bis zu einer halben Stunde ausdehnen kann (der Gastgeber kommt nicht!), sind die folgenden Anregungen wichtig: Je nach Beschaffenheit der Probenräumlichkeiten sollte der Ort genau definiert sein: als Nebenraum eines vornehmen Hotels oder als Pavillon in einem Park oder ... Je genauer, um so besser. In jedem Fall ist ein abgegrenzter Raum ohne Publikumsverkehr notwendig. Vor Spielbeginn sollten alle Mitspieler den Raum verlassen. Jeder überlegt sich ganz konkret seine Hoffnungen, Wünsche, Erwartungen, die er mit der Prominenten-Einladung verbindet. Jeder hat seinen eigenen Namen, seinen Beruf, seine Biographie als Grundlage für die Improvisation, die nun beginnen kann ...

2. *Im Wartezimmer:* beim Arzt, Arbeitsamt, am Elternsprechtag, vor dem Bankschalter ...

Auch hier dieselben Voraussetzungen wie bei der vorigen Improvisation: eine genaue Ortsbeschreibung (Wo ist was? Tür, Sitzgelegenheiten, Fenster usw.) und eine Spielabfolge (alle haben wieder den Raum zu verlassen).

Für die Wartezimmersituation beim *Arzt* ist festzulegen, auf was für einen Arzt gewartet wird: Allgemeinmediziner, Zahnarzt, Hautarzt, Augenarzt usw. Davon ist abhängig, welche Krankheit sich jeder Spieler nun auszudenken und vorzustellen hat. Für das Spiel ist es dabei weniger ergiebig, eine Krankheit zu wählen, über die man nur etwas gehört oder gelesen hat. Die Möglichkeiten für die Improvisationen sind größer, wenn tatsächlich durchlittene oder gar aktuelle Krankheiten gewählt werden. Der Arztbesuch kann nun beginnen: ängstlich, ausgestellt mutig, leidend, hoffnungsvoll ... Beim *Arbeitsamt* sollte sich jeder auf seine tatsächliche Berufssituation oder seine Berufswünsche konzentrieren.

Beim Warten vor dem Lehrerzimmer am *Elternsprechtag* kann jeder seine eigenen Schulerfahrungen bzw. die seiner Kinder als Anlaß nehmen. Vor dem *Bankschalter* wartet man mit anderen, doch merkwürdigerweise verstreicht der Öffnungszeitpunkt, ohne daß etwas passiert ... Auch dabei sollte sich jeder möglichst konkrete Gründe für den Bankbesuch ausdenken: angenehme, gleichgültige oder unangenehme. Ziel der Improvisation ist natürlich immer der Versuch, den Kontakt zu den anderen zu suchen, miteinander ins Gespräch zu kommen.

3. *Party:* Als vorzüglicher Einstieg eignet sich das Improvisieren einer Party, wobei die Realität und das Spiel durchaus fließend ineinander übergehen können. Einander wildfremde Leute werden in eine Wohnung, einen Keller geladen. Es gibt zu trinken, Musik, und jetzt wird geredet, getanzt, geflirtet ...

Beim ersten gemeinsamen Gruppentreffen sollte natürlich nur eines dieser Spiele improvisiert werden. In jedem Fall bedarf es zur Einstimmung der einzelnen Mitspieler längerer Zeit: vor dem eigentlichen Spielbeginn, dem Betreten der Räumlichkeit sollte sich jeder mindestens 5 Minuten auf seine Rolle und ihre Voraussetzungen konzentrieren. Die Anlaufzeit des Spiels ist häufig gekennzeichnet von übertriebenen, hektischen Reaktionen. Man möchte besonders deutlich machen, worum es geht. Das legt sich, wenn man allen viel Zeit läßt, auch wenn sich dabei die Improvisation »totläuft«. Sobald die Konzentration nachzulassen beginnt, Unruhe aufkommt, sich Albernheit breitmacht, ist das Juxhafte, Spaßige der Situation zu betonen. Die Zeitspanne, bevor es »kippt«, ist um so länger, je intensiver und konkreter sich jeder einzelne in die Spielsituation hineinversetzt hat.

Im Anschluß an eine der beschriebenen Improvisatiosübungen bietet sich nun eine Gruppe von Kurzübungen an: Jetzt wird jeder auf sich und gegen die Gruppe gestellt. Jeder kommt einzeln in eine klar definierte Situation und hat sich mit Namen (gegebenenfalls: Alter, Beruf, Personenstand ...) vorzustellen:

1. *Ein neuer Schüler kommt in die Schulklasse*
2. *Vor Gericht*
3. *Während einer Tagung am Mittagstisch im Restaurant*
4. *Als neues Mitglied in einer Kirchengemeinde*
5. *Als Vertreter für Staubsauger*
6. *Als Tagesschausprecher . . .*

Diese Reihe läßt sich fortsetzen. Immer ist die Gruppe der Adressat und kann auf die Art der Vorstellung reagieren. Die Spielsituation ist jeweils eindeutig: *Einer gegen eine Gruppe.* Jede Spielanweisung sollte jeweils von allen ausgeführt werden, d. h., acht oder elf Versionen eines Tagesschausprechers vermögen schon erste Hinweise auf Interessen und Möglichkeiten der einzelnen Gruppenteilnehmer zu geben.

Daran kann sich ein letztes weiteres Spiel in dieser Reihe anschließen. Es sollte jedoch sehr vorsichtig gehandhabt werden: In größtmöglicher Distanz zur Gruppe wird ein Stuhl/ Sessel aufgestellt. Reihum muß nun jeder darauf Platz nehmen. Ebenfalls reihum werden aus der Gruppe Fragen an ihn gestellt. Der Katalog dieser schriftlich fixierten Fragen sollte begrenzt sein, jeder Befragte sollte höchstens zwei oder drei Fragen beantworten müssen.

Je nach Zusammensetzung der Gruppe und Anlaß können Fragen gestellt werden wie: Hast du schon einmal Theater gespielt? Willst du nur Haupt- oder auch Nebenrollen spielen? Was ist dir wichtiger: der Inhalt eines Stücks oder die Aufführung? Was macht dir besonders viel Spaß . . . Falls ein Thema inhaltlich bereits festgelegt ist, können auch hierauf zielende Fragen dieses Thema noch einmal plastisch werden lassen. Ohne daß eine abstrakte Diskussion losbrechen muß, kann so die persönliche Einstellung jedes einzelnen erfahren werden. Die für sich gesehen unangenehme Situation eines Verhörs lernen alle Beteiligten aus beiden Sichtwinkeln kennen. Vorsicht ist geboten, damit die Fragen nicht verletzend oder bloßstellend sind (fixierter Katalog!).

In diesem Zusammenhang ist die Funktion des Gruppenleiters oder Initiators ein wenig genauer zu untersuchen. Es gibt die zwei Möglichkeiten, daß sich der Leiter entweder in die

Spiele mit einbeziehen läßt, d. h. von vornherein mitspielt, oder daß er als klar definierter Spielleiter von außen her anregt, vermittelt, kontrolliert. Der nur distanziert beobachtende Spielleiter ist sicherlich für das Klima in der Gruppe weniger vorteilhaft als der sich stark engagierende. Das unmittelbare Mitspielen verlangt jedoch Sicherheit, Selbstvertrauen, bietet das Risiko eines »Autoritätsverlustes«, der die weitere Zusammenarbeit hemmen kann. Der Spielleiter sollte sich in jedem Fall mehr als »Beteiligter« und weniger als »Leiter« verhalten. Das trifft besonders zu für die nach jeder Übung stattfindenden Gespräche, die dazu dienen, einen Austausch der Erfahrungen zu ermöglichen. Jeder erzählt von seinen Eindrücken, vom Wohlbefinden oder Unwohlsein, vom Neuartigen oder Bekannten, das sich während eines Spiels ereignete. Es können aber auch Unverständnis über den Ablauf des Spieles oder einzelner Bestandteile kurz diskutiert werden. Dieses »Gesprächsventil« ist unbedingt notwendig nach Improvisationen, die zu Spannungen innerhalb der Gruppe oder bei einzelnen Gruppenmitgliedern geführt haben. Gleichzeitig wird so der Prozeß des Miteinander-vertraut-Werdens gefördert.

1.2. Der zweite Schritt: Wir bewegen uns im Raum

Nach den Improvisationen, dem freien Spiel gemeinsam mit anderen, folgt nun eine Reihe von Übungen, bei denen zunächst jeder für sich allein, später im strenger vorgeschriebenen Spiel mit anderen die Konzentration auf den Körper, seine Bewegungsabläufe und seine Ausdrucksmöglichkeiten richtet.

1. Wie später an stückbezogenen Beispielen näher zu erläutern ist, sind die Räumlichkeiten, in denen die Proben und/oder die Aufführungen stattfinden, ein wichtiger Faktor für das Theaterspielen. Der eindeutige Unterschied zwischen einem Freilichttheater und einem herkömmlichen Stadttheater-Raum soll hier zur Verdeutlichung genügen. Wenn nun der Raum,

in dem wir Theater spielen, eine solche Bedeutung hat, ist es notwendig, seine Beschaffenheiten kennenzulernen: Jeder Mitspieler erkundet mit allen seinen Sinnen die Probenräumlichkeiten. Dabei untersucht er, welche Dimensionen der Raum hat: Wie stellen sich die Entfernungen dar, wenn man sie schnell oder langsam zurücklegt, wie mit geschlossenen und wie mit offenen Augen? Welche Eigenheiten der Raumaufteilung gibt es? Wie verhält sich die Spielfläche zur Publikumsfläche? Welche Materialien sind für die Gestaltung verwendet worden? Wie fühlen sie sich an? Welche Gerüche beherrschen den Raum? Wo gibt es welche Beleuchtungskörper? Wie kann man den Raum betreten/verlassen? Wie klingt meine Stimme in dem Raum, gibt es Widerhall? Wo fühle ich mich besonders wohl, geschützt, wo unwohl? ... Wie gesagt: jeder sollte für sich die Räumlichkeit »erfahren« durch Gehen, Sitzen, Liegen, Schauen, Fühlen, Reden, Flüstern, Schreien, Hören ... Zeitdauer für diese Übung (je nach Beschaffenheit/Vielgestaltigkeit des Raumes): 15 bis 30 Minuten.

2. Nun nimmt jeder einen Platz ein und versucht, dort möglichst bequem zu stehen (Abstände zu den Nachbarn!): Man steht so lange, bis aus der Bequemlichkeit Unbequemlichkeit zu werden beginnt, und versucht festzustellen, woran das liegt. Wenn die Spannung sich zur Unerträglichkeit steigert, wechselt man die Haltung und sucht die Entspannung. Dauer dieser Übung: 3 bis 5 Minuten.

3. Wir beginnen nun, ganz gewöhnlich im Raum herumzugehen, ohne Anspannung, mit Wohlbefinden. Wir beschleunigen die Geschwindigkeit, verlangsamen sie dann wieder, suchen ein möglichst bequemes Gehen. Dann konzentrieren wir uns auf den Vorgang des Gehens: Was machen die Knie dabei, was die Waden, wie verhalten sich Kopf, Augen, Atem ... Unmerklich verlangsamen wir das Gehen, gleitend, über einen längeren Zeitraum (mindestens 5 Minuten), kommen wir vom gewöhnlichen Gehen zu einem extremen Gehen wie in Zeitlupe. Diese Form sollte nun mindestens 15 Minuten sehr bewußt durchgehalten werden. Wir kommen

schließlich zum Halt und beginnen nach 2 bis 3 Minuten allmählich wieder zu gehen und – wiederum allmählich und gleitend – die Geschwindigkeit zu beschleunigen, bis zum eiligen Gehen zu steigern, zu verlangsamen und enden irgendwann in einer Ruhephase der Entspannung. Gesamtdauer: ca. 45 Minuten.

4. Wir nehmen jeder einen Stuhl und versuchen festzustellen, was »Sitzen« bedeutet. Auch hier ist das »bequeme Sitzen« die Ausgangsposition, wieder werden die Vorgänge bei Veränderungen der Haltung und bei der Konzentration auf einzelne Körperteile, das Zusammenspiel mit der Sitzgelegenheit beobachtet. Nach ca. 20 Minuten verlagern wir die Übungen auf den Boden und untersuchen die Veränderungen, die sich daraus ergeben.

5. Ohne eine weitere Vorschrift, als daß jeder nach wie vor für sich bleibt, *reagieren wir jetzt auf Musik*, wir bewegen uns, lassen dem Körper freien Lauf. Geeignet hierfür ist Musik von Mozart oder Haydn. Nach ca. 10 Minuten ergeht die Aufforderung, die Mitspieler wahrzunehmen und nach und nach – zur Musik – den Kontakt, Beziehungen zu suchen: Augenkontakt, Anpassung der Bewegung, Berührungen. Zum Abschluß dieser Übung, die etwa 25 bis 30 Minuten dauern kann, sollte eine Musiknummer gespielt werden, die einprägsam und rhythmisch betont ist, zum Beispiel von Rossini oder Jacques Offenbach.

1.3. Der dritte Schritt: Wir sprechen miteinander

Diese ersten Übungen zum verständlichen Sprechen unterteile ich zunächst in zwei Gruppen:

1. Wir bilden einen möglichst großen Kreis und suchen uns einen Partner, der einigermaßen weit entfernt steht. Dies kann in einem – manchmal länger dauernden – Blickkontakt-Spiel geschehen: jeder versucht, einen ihn interessierenden Partner »auszugucken«, durch Blicke zu gewinnen und auf demselben Weg Einverständnis signalisiert zu bekommen. Verständigungsschwierigkeiten und Mißverständnisse

machen den unterhaltsamen Reiz dieses Spiels aus. Nachdem die Partner sich öffentlich zueinander bekannt haben und noch bestehende Unklarheiten beseitigt sind, wird der folgende, höchst beliebig konstruierte, »sinnvolle« Ausspruch verkündigt und zum sofortigen »Memorieren« aufgegeben: *»Walle du Welle und wiege!«*

Beim ersten Sprech-Durchgang ist der Partner noch ohne Bedeutung: Jeder versucht – reihum, nacheinander –, diesen Satz möglichst genußvoll auszukosten, dabei die Vokale und die Konsonanten fast singend und überbetont klingen zu lassen, dem Klang der eigenen Stimme nachlauschend. Die Übung sollte in dieser Weise einige Male die Runde machen. Die nächste Aufgabe ist, denselben Satz nun sehr schlicht, sachlich zu sprechen, im Tempo nicht viel schneller als in der vorigen Version. Jedoch sollte auch dabei jeder auf die Funktion, den Klang und die Wirkung seiner Stimme achten.

Bei der folgenden Übung beziehen wir den Partner mit ein und wählen zur Abwechslung einen neuen »Sinnspruch«: *»In diesem Frühjahr grünt das Umland grau.«* Der Text wandert nun mehrfach so reihum: Partner 1 spricht den Satz *laut* zu Partner 2, der wiederum antwortet ihm sogleich *leise*. Kommt die Reihe dann an Partner 2, so spricht der *laut* und Partner 1 antwortet *leise*. Weitere Vorschriften für diese Übungsfolge: *langsam/schnell, hoch/tief, singend/sprechend, Frage/Antwort*. Neben den Bemühungen um gute Artikulation und Verständlichkeit ist es wichtig, den Partner ganz unmittelbar anzusprechen, ihm etwas mitteilen zu wollen und deshalb den *Blickkontakt* zu suchen. Als Abschluß eignet sich vorzüglich eine allgemeine Brüllerei: die Partner schreien sich erst gegenseitig in Abfolge, dann alle gleichzeitig mit dem Text an.

2. Für die zweite Gruppe der Sprechübungen wird ein Partnerwechsel vorgenommen: die neuen Partner stellen sich in zwei Reihen möglichst weit voneinander entfernt auf. Zusammen mit der Aufforderung, verständlich zu sprechen und sauber zu artikulieren, werden nun Spielvorschriften gegeben. Sie zielen darauf ab, die Sprache in einer ganz

bestimmten, klar beschriebenen und jedem bekannten, also ursprünglichen Situation, aber nicht zum Vermitteln eines Inhalts, sondern als akustische Ausdrucksmöglichkeit einer Haltung oder eines Gefühls zu verwenden. Für die erste Runde wählen wir einen ganz kurzen Satz: »*Die Braut brät den Braten.*« Nun versuchen die Partner (in Abfolge wie bei 1), diesen Satz nach folgenden Vorschriften zu gestalten: *mutig/ängstlich, zärtlich/haßerfüllt, lachend/weinend.* Es ist unbedingt notwendig, daß sich jeder eine ganz bestimmte Situation aus seinem Erfahrungsbereich vorstellt, in der er Haß, Freude, Tapferkeit usw. erlebt hat. Erst dann kann er seinem Partner diese Situation suggerieren, wiederum, indem er ihn direkt anspricht und in sein Spiel *einbezieht.* Und auf dieses »Angebot« kann der Partner dann ganz unmittelbar und gegensätzlich reagieren. So entstehen nach und nach eine Reihe von szenischen Grundsituationen, die im Wechselspiel das ganz persönliche Engagement der einzelnen Spieler deutlich machen. Im Laufe der Übungen stellen sich Erfahrungen ein: Je konkreter und eindeutiger auf den Partner bezogen (durch Körperhaltung, Blickkontakt, Berührungen) das Spielverhalten sich äußert, um so plastischer und wirkungsvoller ist – schon jetzt – das gemeinsame Spiel. Als Beispiel: Bei der Vorschrift *lachend/weinend* erinnert sich der eine Spieler an eine Situation aus der Kindheit, als er einen ganz bestimmten Wunsch, nach einem Spielzeug etwa, erfüllt bekommen wollte. Auf die Verweigerung hin »brach eine kleine Welt zusammen«. Ohne daß dem Zuschauer nun der Inhalt dieser Geschichte bekannt sein muß, wird am Ende doch eine sehr plastische und entsprechend überzeugende Darstellung stehen. Wenn nun die Darstellung auf den Partner eher erheiternd wirken sollte, stellt sich der Impuls und die Anregung ein, ihn seinerseits zur Vorschrift *lachend* hämisch auszulachen: all dies mit dem »*Die Braut brät den Braten*«-Satz. Und sicher wird diese persönliche Rivalität (»Ärgerst du mich, ärgere ich dich wieder« oder »Du hast mich zum Lachen gebracht, jetzt versuche ich es auch«) zur Spielfreudigkeit aller beitragen.

Bei einem Zwischenspiel in Kreisform geht es um *Betonungs-verschiebungen* und ihre Wirkung: Der Satz »*Der Tang toste trübe*« erhält so vier unterschiedliche Bedeutungen (der erste Spieler betont *Der*, der zweite *Tang* usw.). Als weitere Übung lassen sich im Kreis-Partnerspiel anschließen: *Rhyth-mus-Akzentverschiebungen* wie »*D e r   T a n g   t o s t e   t r ü b e* « gegen »*Der Tang toste t r ü b e* « oder »*D e r T a n g t o s t e trübe*« gegen »*Der T a n g toste t r ü b e*«. Dieses Spiel ver-langt viel Konzentration. Er wird abgelöst von einem Zweier-Reihenspiel (wie oben), bei dem wieder Haltungen und Ge-fühle gezeigt bzw. dargestellt werden sollen. Als Besonder-heit wird nun ein längerer Satz gewählt: *»Der Morgen däm-mert dumpf jenseits des Tales in tauigem Licht*«. Die mög-lichen Vorschriften sind: *betrunken/verkatert, als Opern-arie / als Sprechgesang, in Hektik / in Langeweile . . .*
Erfahrungsgemäß findet die Konzentration und Bereitschaft einer Gruppe mit zwei Übungen je Probe ihre Grenze.
Generell gilt für alle diese Übungen, daß die Spieler in ihrem Mut auch zu vergröbernder Darstellungsweise bestärkt wer-den. Wichtiger als Subtilität, Psychologie oder Realismus sind hier Spiellust und Mut.
Die Methode dieser Sprechübungen wird später, im Zusam-menhang mit vorgegebenen Texten bzw. einem Stück ständi-ger und dann – wie zu zeigen sein wird – textbezogener Bestandteil der Probenarbeit sein.

1.4. Der vierte Schritt: Wir lesen einen Text

Die Gruppe wird geteilt. Jeder in der einen Teilgruppe erhält den folgenden Ausschnitt des Gedichts *Die Brücke am Tay* von Theodor Fontane.

> Und es war der Zug. Am Süderturm
> Keucht er vorbei jetzt gegen den Sturm,
> Und Johnie spricht: »Die Brücke noch!
> Aber was tut es, wir zwingen es doch.

Ein fester Kessel, ein doppelter Dampf,
Die bleiben Sieger in solchem Kampf,
Und wie's auch rast und ringt und rennt,
Wir kriegen es unter, das Element.

Und unser Stolz ist unsre Brück';
Ich lache, denk ich an früher zurück,
An all den Jammer und all die Not
Mit dem elend alten Schifferboot;
Wie manche liebe Christfestnacht
Hab ich im Fährhaus zugebracht
Und sah unsrer Fenster lichten Schein
Und zählte und konnte nicht drüben sein.«

Auf der Norderseite das Brückenhaus –
Alle Fenster sehen nach Süden aus,
Und die Brücknersleut' ohne Rast und Ruh
Und in Bangen sehen nach Süden zu;
Denn wütender wurde der Winde Spiel,
Und jetzt, als ob Feuer vom Himmel fiel,
Erglüht es in niederschießender Pracht
Überm Wasser unten . . . Und wieder ist Nacht.

Die andere Teilgruppe erhält die folgenden beiden Artikel aus
einer Boulevardzeitung:

Mann mit Pfeil in der Brust fuhr Straßenbahn

cs. München, 8. Oktober. – Straßenbahnhaltestelle München-Harlaching. Ein junger Mann, schwarze Hose, schwarze Jacke, taumelt aus einem Wäldchen in die Linie 15, ging vor dem Straßenbahn-Fahrer in die Knie: »So schmerzt es nicht so sehr. Bitte, schnell ins Krankenhaus . . .«
Der Mann hatte einen 80 cm langen Fiberglas-Pfeil in der rechten Brust. Die Spitze ragte fünf Zentimeter aus dem Rücken! Die Straßenbahn stoppte 300 Meter weiter vor einer Klinik. Die Ärzte schnitten Herbert K. (20) den Pfeil heraus.

Als der junge Mann wieder zu sich kam, sagte er: »Ich habe mir den Pfeil selbst in den Leib gerammt. Ich bin ein guter Freund vom Papst, ich verkehre immer mit ihm.«

Vor dem Krankenzimmer nahm die Polizei einen Architekten (24) fest. Er behauptet: »**Ich habe den Pfeil abgeschossen, dieser Kerl hat meinen Freund beleidigt – der Papst gehört mir.**« Nervenklinik.

ig. Viterbo (Italien), 23. Dezember. – **Als der 70jährige Bischof Boccadoro gestern früh auf seinem Balkon betete, krachte es plötzlich – der Balkon brach ab.**

In einer Staubwolke stürzte der Bischof sieben Meter tief in den Garten seines Palazzos in Viterbo. Um ihn herum prasselten die Steinbrocken des 200 Zentner schweren Balkons. Monsignore Boccadoro rappelte sich auf, hatte nur Kratzer an beiden Händen.

Sein Sekretär zu BILD: **Seine Exzellenz klopfte sich den Staub von der Soutane und ging in die Kapelle, um dem Herrn zu danken.**

Alle bekommen nun 30 Minuten Zeit, um sich – jeder allein – mit dem Text zu befassen, sich Lösungen auszudenken und sich vorzubereiten für die folgende Vorschrift: *Lies uns den Text vor, indem du uns, den Zuhörern, klarmachst, in welcher Situation du ihn für wen vorliest.* Als einzige Hilfe kann, wenn erwünscht, der Vorlesende angeben, wie sich die Zuhörer gruppieren sollen (in Reihen wie in der Schule, über einen Raum verstreut, am Boden im Kreis usw.).

Es muß beim Vortrag nicht unbedingt alles gelesen werden. *Eine* Strophe des Fontane-Gedichts mag genügen, von den Boulevardzeitungstexten wird *einer* ausgewählt. Als weitere Spielregel kann noch hinzugefügt werden, daß die Gruppe nach jedem Vortrag kurz die suggerierte Situation und die Funktion des Vorlesers zu bestimmen versucht, der Vorleser also eine unmittelbare Antwort auf seine Absichten bekommt. In jedem Fall sollte aber nach der Übung ein Erfahrungsaustausch stattfinden.

1.5. Der fünfte Schritt: Wir gestalten szenisch Texte Fontanes und aus der Boulevardzeitung

Dieser letzte Teil einer allgemeinen Hinführung zum Theaterspiel vollzieht sich in zwei Abschnitten:

1. Nach dem Lesespiel erhalten die Gruppen nun folgende Improvisationsaufgaben: Die Gruppe, die sich mit dem Fontane-Gedicht beschäftigt hat, soll eine Situation erfinden und spielen, die durch *spannungsvolles Warten* bestimmt wird. Dies sollte eine Alltagssituation sein. Die Darstellungsweise – ob mit oder ohne Text, getanzt oder gesungen – ist völlig frei. Alle Gruppenmitglieder sollten jedoch unmittelbar am Spiel beteiligt sein. Die andere Gruppe erhält die Aufgabe: *Ein aufsehenerregendes Ereignis*. Auch hier gilt es, eine Alltagssituation zu erfinden und gemeinsam zu spielen, ohne daß einer der beiden Zeitungstexte dabei benutzt wird. Nach 30 Minuten spielen sich beide Gruppen gegenseitig ihre Ergebnisse vor und diskutieren dann ihre Erfahrungen in der Gruppe beim Erarbeiten des Spiels.

2. Es werden zwei gänzlich neue Gruppen gebildet und die beiden Aufgaben verteilt: *Versucht den Gedicht-Ausschnitt oder einen Teil davon szenisch darzustellen / Versucht aus dem Boulevardzeitungstext »Mann mit Pfeil in der Brust . . .« eine Theaterszene zu machen.* Jede Gruppe erhält nun 45 Minuten Zeit.

Bei dieser Gruppenarbeit ergibt sich in der nun folgenden Probenzeit, durch deren Kürze noch verschärft, oft die Hauptschwierigkeit jeglicher Theaterarbeit: das gemeinsame Interesse an einem Text, die gemeinsame Absicht herauszufinden und dann noch auf einen szenischen Nenner zu bringen.

Der glücklichste Fall ist natürlich dann gegeben, wenn einem Gruppenmitglied *die* zündende Idee kommt, die alle überzeugt und bindet. Doch wenn das nicht geschieht? Einige Fragen können Entscheidungsprozesse fördern oder verkürzen und so weiterhelfen:

1. Wollen wir den Text ganz ernst nehmen oder uns über ihn lustig machen?

2. Aus welcher Sicht wollen wir ihn darstellen: a) aus der einer bestimmten Person, b) aus der einer bestimmten Gruppe, c) von außen?

3. Worauf läuft die darzustellende Geschichte hinaus, gibt es einen Schlußpunkt, eine Pointe?

4. Womit fängt die Geschichte an?

5. Sollen wir sprechen oder stumm spielen? Wenn mit Text: Hochsprache oder Dialekt, Originaltext oder improvisiertes Sprechen?

6. (Fontane-Gedicht) Soll man »Eisenbahn spielen«? Wenn ja: wie und aus welcher Sicht?

7. (Boulevardzeitungstext) Wie kann man »Straßenbahn spielen«?

8. (Eine weitere Überlegung für alle denkbaren Texte:) Was passiert, wenn wir den Text so zu spielen versuchen, wie ihn ein ganz bestimmter Leser verstehen und aufnehmen könnte: die Mutter morgens nach dem Frühstück, der Schuljunge abends vor dem Einschlafen beim heimlichen Lesen, der Büroangestellte bei der Arbeitspause im Café . . .

Schon nach den ersten beiden Fragen ergibt sich erfahrungsgemäß die »zündende« Idee, ganz sicher jedoch bei der Suche nach Antworten auf die Fragen 3, 4 oder 5. Die übrigen sind als weiterführende und anregende Beispiele gedacht; die letzte weist auf Möglichkeiten und Probleme hin, die sich bei der späteren Beschäftigung mit einem Theaterstück ergeben werden.

Nach der Erarbeitung spielen sich beide Gruppen wieder ihre Ergebnisse vor und beschreiben anschließend das Zustandekommen des Spiels und ihre Erfahrungen dabei. Wichtig ist es, die Unterschiede der Texte und die damit verbundenen größeren oder geringeren Schwierigkeiten des Zugangs festzustellen: es lassen sich nun Tendenzen der allgemeinen Wünsche und Bedürfnisse, Vorlieben, bestimmte Talente usw. schon erkennen. Bevor nun Möglichkeiten einer Stückerarbeitung dargestellt werden, soll noch eine kurze Bilanz der »fünf Schritte« gezogen werden.

56

1.6. Bilanz

Diese Aneinanderreihung von Übungen soll nicht zu einem starren Korsett werden. Im Gegenteil: je bunter gemischt die verschiedenen Übungseinheiten je Probe sind, um so geringer ist die Gefahr, daß sich Ermüdungserscheinungen in die Gruppenarbeit einschleichen. Das Kennenlernen der eigenen Fähigkeiten und der Möglichkeiten der anderen steht im Vordergrund und wird erleichtert durch den eindeutigen Spielcharakter der Übungen. Die Spielvorschriften können variiert und beliebig ausgebaut werden. Je nach der Zusammensetzung der Gruppe kann nach der ersten Probe die Leitung des Trainings wechseln, so daß jedes Gruppenmitglied einmal in die Situation kommt, Spiele zu erfinden und zu leiten. (Dies auch als Hinführung zur späteren Probenarbeit an einem Stück, zur Förderung der Gruppendisziplin und -konzentration.)

Wie schon verschiedentlich gesagt, ist der ständige Erfahrungsaustausch, das gegenseitige Berichten über Beobachtungen, die man bei sich selbst und anderen während der Übungen gemacht hat, von großer Bedeutung.

Als Bestandteil der Proben sollte das Spielen frühzeitig mit der gemeinsamen Suche nach einem Stück verbunden werden. Das läßt sich in der Regel nur so verwirklichen, daß möglichst alle Gruppenmitglieder sich nach dem Schauspielführer oder auf die Anregung von Lehrern, Theaterleuten oder dieses Bandes hin Texte aus der (Stadt-)Bibliothek besorgen und sie lesen. In diesem Zusammenhang ist die Zusammensetzung der Gruppe und die sich von Mal zu Mal erweiternde Erfahrung mit ihr wichtig. Konkret: man liest ein Stück und sieht nach einigen Seiten den einen oder die andere der Gruppe in einer bestimmten Rolle; und wenn das Stück inhaltlich von allgemeinem Interesse sein könnte, wäre dies eine Gelegenheit, es den anderen zur Diskussion vorzuschlagen.

Je intensiver die praktischen Übungen ablaufen, desto enger wird der Zusammenhalt, desto produktiver das Bewußtsein der Gruppe. Das sollte zur Folge haben, daß die Stückfindung weniger zeit- und nervenraubend wird, als es ohne die Übungen ganz sicher der Fall wäre. Mit anderen Worten: das Entwickeln einer konkreten Zielvorstellung im Zusammenhang mit praktischem Ausprobieren bildet die Voraussetzung für eine erfolgreiche Theaterarbeit.

2. Stückbeispiele: Schiller, Nestroy, Wagner, Brecht

An Beispielen aus vier ziemlich unterschiedlichen Stücken, die allesamt bekannt oder zumindest leicht zu beschaffen sind, möchte ich nun Möglichkeiten der szenischen Erarbeitung mit einer Schulklasse oder einer anderen Laientheatergruppe beschreiben.
Theaterarbeit umfaßt viele gleichzeitige Arbeitsvorgänge. Ob es um das Entwickeln einer Konzeption des Bühnenbilds oder der Textfassung geht, immer sind die Probleme ineinander verzahnt. Die Schwierigkeit ist nun, den Ablauf einer Probenarbeit so darzustellen, daß die einzelnen Bereiche nacheinander abgehandelt werden können. Deshalb wähle ich hier mehrere Stücke und nehme jeweils einzelne Szenen daraus, um möglichst vielfältig Beispiele ihrer Erarbeitung darzustellen. Daraus geht auch hervor, daß ich nicht so sehr Stückinterpretationen liefern, sondern Mittel beschreiben möchte, auch unterschiedliche Auffassungen szenisch darstellbar zu machen.
Es folgen nun die vier Stücke mit einigen Anmerkungen:

1. Friedrich Schiller: Maria Stuart
Das Trauerspiel gehört zur Schullektüre, gelegentlich wird es von Schultheatern aufgeführt. Auf den Spielplänen der Berufstheater erscheint es relativ selten. Man hat eine gewisse Scheu vor der idealisierten Darstellung, vor historischen Vorgängen und Gefühlen, die ebenso wie die Sprache uns einigermaßen entrückt erscheinen. Dennoch ist das Stück ein Musterbeispiel für eine dramaturgisch ungemein spannend

aufgebaute Geschichte. Es hat Rollen, die eine Fülle von Möglichkeiten der Darstellung bieten. Liest man es nun unter ganz bestimmten »einseitigen« Aspekten und richtet es entsprechend ein, so ergibt sich ein auch für das Laientheater wirkungsvolles und dankbares Stück: Man sieht allein den Machtkampf zweier Frauen, denen jedes Mittel recht ist . . . Es interessiert das Spannungsverhältnis von Politik und Privatleben . . . Gibt es eine Emanzipation der Frauen? . . . Kann sich Politik und Geschichte so darstellen? . . . Wie gesagt: alle diese Themen und noch eine Reihe mehr lassen sich im Stück sehen und herausheben. Damit ein sinnvoller Theaterabend herauskommt, muß sich die Gruppe auf *ein* Schwerpunktthema beschränken!

Maria Stuart hat 15 Männerrollen, von denen einige gestrichen bzw. zusammengelegt werden können. Neben den beiden Königinnen gibt es zwei weitere Frauenrollen.

2. Johann Nestroy: *Die schlimmen Buben in der Schule*

Es gibt ein weitverbreitetes Mißverständnis: daß Nestroy Dialektstücke geschrieben habe und daß man seine Stücke außerhalb Österreichs nicht spielen könne. Die Theaterwirksamkeit und Qualität der Nestroyschen Stücke beruht darauf, daß sie von einem Theaterpraktiker für den Theateralltag geschrieben worden sind. Die Sprache ist ein Kunstmittel, d. h., sie kann von der jeweiligen Theatergruppe nach den eigenen Möglichkeiten und Färbungen benutzt werden. Während bei einem »Theaterklassiker« die Scheu vor Textveränderungen gewöhnlich groß ist, bieten die Nestroy-Texte trotz der außergewöhnlichen Formulierungskunst und unnachahmlichem Witz niedrigere Hemmschwellen.

Die Burleske kann von mindestens 15 Darstellerinnen und Darstellern gespielt werden, wobei es bei der Aufteilung nach Geschlecht und Alter mehrere Lösungsmöglichkeiten gibt. Lieder und Musik erweitern den Rahmen des Stücks. Das Thema »Schule« ist sicherlich zeitlos. Die Behandlung des Themas durch Nestroy in der Mitte des vorigen Jahrhunderts läßt die zeitliche Distanz kaum bemerkbar werden. Ein harmloser oder ein bösartiger Theaterspaß sind gleichermaßen denkbar.

3. Richard Wagner: *Das Rheingold*

Das Textbuch eines Musikdramas als Vorschlag für eine Schauspielaufführung wird sicherlich zunächst Befremden provozieren. Wagner selbst hat jedoch diese Texte für Dichtung angesehen und seine Stoffe erst als Dramen verfaßt, bevor er sie vertonte. Selbst wenn man mit Wagners Weltanschauung oder Musik nicht viel anfangen kann, muß doch die schier unerschöpfliche Theaterphantasie und -wirksamkeit seiner Werke anerkannt werden. Und gerade darin liegt ein Anreiz, *Das Rheingold* als Schauspiel aufzuführen. Wagner hat Motive aus Sagen alter deutscher Zeit benutzt, um Menschen, Gedanken, Gefühle und gesellschaftliche Vorgänge seiner eigenen Zeit »märchenhaft« darzustellen. Vorausgesetzt, man hat die Texte gekürzt und eingerichtet (wie zu zeigen sein wird), was soll da nicht alles auf der Bühne vorgeführt werden: Riesen, Zwerge, Götter, Wasserjungfrauen, ein Regenbogen, ein Gewitter, eine Unterwasserlandschaft, eine unterirdische Arbeitswelt . . . Das alles fordert einen großen Theaterspaß, ein Theatermärchen oder eine Parodie geradezu heraus. (8 männliche und 6 weibliche Rollen.)

4. Bertolt Brecht: *Die Kleinbürgerhochzeit*

Ein Stück in einem Akt und einer Dekoration. Ein Volkstheaterstück aus der unmittelbaren Nachbarschaft eines Karl Valentin. Es ist in einer Alltagssprache geschrieben und zeigt ganz alltägliche Leute: 4 Frauen und 5 Männer, die eine Hochzeit zu feiern versuchen.

Zwei dieser Stücke sind uns in Sprache und Handlung ferner und müssen durch die Erarbeitung und das Spiel »herangeholt« werden. Gleichzeitig verlangen *Maria Stuart* und *Das Rheingold* mehrere Schauplätze. Die beiden anderen Stücke bieten auf den ersten Blick viel mehr von unserem persönlichen alltäglichen Erfahrungsbereich. Sie sind eher komisch bzw. tragikomisch. *Die schlimmen Buben in der Schule* und *Die Kleinbürgerhochzeit* haben nur ein Bühnenbild. Zwei Stücke verlangen eine größere, die anderen beiden kommen mit einer kleineren Besetzung aus.

2.1. Räumlichkeiten

Zwei Grundtypen von Theaterräumen bestimmen die Arbeit der meisten Gruppen: das sogenannte Guckkastentheater und das Raumtheater. Ob nun eine strenge Trennung von Zuschauerraum und Bühnenraum gegeben ist oder ob sich die Spielflächen zwischen den Zuschauern befinden: die Grundstruktur eines Theaterraumes hat in jedem Fall großen Einfluß auf die Inszenierungsmöglichkeiten und zuweilen sogar auf die Auswahl der Stücke. Bei Bühnenmaßen von 3×4 m und Platz für 60 Zuschauer bedarf es schon einer extremen Bearbeitung, um *Wilhelm Tell* oder ein anderes Massenstück spielen zu können: in der Regel werden da nur kleine, personen- und dekorationsarme Stücke aufgeführt.

Schon wenn wir die strenge Form des Guckkastentheaters nehmen, gibt es eine Fülle von Varianten: Der Bühnenraum ragt auf einem hohen/niedrigen Podest ohne Seitenbegrenzung in den Zuschauerraum – Der Bühnenraum hat mehr Tiefe / mehr Breite; er hat Abstellmöglichkeiten / keine Nebenräume – Der Bühnenboden ist mit Holz/Parkett/Teppich ausgelegt – Die Bühne besitzt einen/keinen Vorhang – Die Bühne ist auch/ nicht/nur vom Zuschauerraum aus zu betreten – Der Zuschauerraum ist länglich/arenaförmig – Der Gesamtraum ist hoch/niedrig – Die Akustik ist gut/schlecht . . .

Daß die hier erwähnten Eigenschaften Einfluß auf Bühnenbild und Inszenierung nehmen, wird jedem sofort einleuchten. Es ist sowohl für den Zuschauer als auch für den Darsteller etwas anderes, ob die Aktionen in »gesichertem Abstand« oder in unmittelbarer Nähe stattfinden.

Zu den ersten Unternehmungen einer Theatergruppe gehört es deshalb, den Raum, in dem ein Stück gespielt werden soll, genau zu untersuchen, so wie es bei den allgemeinen Übungen (1.2) beschrieben wurde. Dabei sollten auch festgehalten werden: die Maße des Bühnenraums, welche Auftrittsmöglichkeiten er bietet, die Sichtbehinderungen für den Zuschauer usw. Wenn dies nicht nur durch Ausmessen und Aufschreiben, sondern auch durch eine körperliche Erfahrung des Raumes mit allen Sinnen geschieht (auch Tasten, Riechen kann eine Rolle spielen), ist die Phantasie für die Vorbereitung eines Stückes schon ein wenig präpariert. – Sollte eine mobile Aufführung das Ziel sein, so besteht nur die folgende Möglichkeit: die ungünstigste Räumlichkeit, in der gespielt werden soll, wird als Maßstab genommen; von diesem Raum nicht mehr abhängig, läßt sich dann eine um so größere Wirkung erzielen.

1. Ein einziger Schauplatz

Doch nun zu den praktischen Beispielen: Wie kann ich mit den – in der Regel – bescheidenen Mitteln eines Schul-/Laientheaters den Szenenanforderungen eines Stückes auf der Bühne entsprechen? Ich beginne mit den – auf den ersten Blick – eindeutigen Anweisungen, die Brecht seiner *Kleinbürgerhochzeit* vorausschickt:

Eine geweißnete Stube mit einem großen rechteckigen Tisch in der Mitte. Darüber eine rote Papierlaterne. Neun einfache, breite Holzsessel mit Armlehnen. An der Wand: rechts eine Chaiselongue und links ein Schrank. Dazwischen eine Portierentür. Links hinten ein niederes Rauchtischchen mit zwei Sesseln. Links seitwärts eine Tür. Rechts seitwärts ein Fenster. Tisch, Stühle und Schrank sind unpoliert und naturfarben. Es ist Abend. Die rote Laterne brennt. Am Tisch sitzen die Hochzeitsgäste und essen.

Ich versuche, die Anweisungen, so wie sie dastehen, ganz theoretisch am Schreibtisch umzusetzen, und zeichne deshalb einen Grundriß:

Abb. 1a

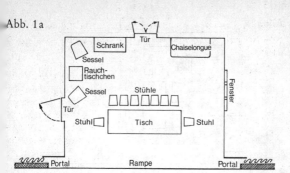

Abb. 1b

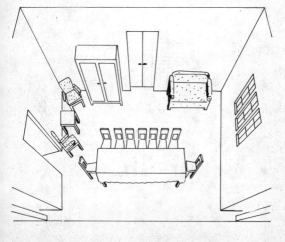

Abb. 2a

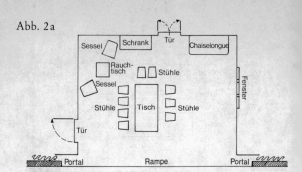

Abb. 2b

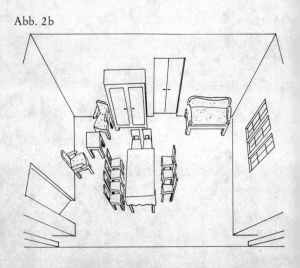

Abb. 3a

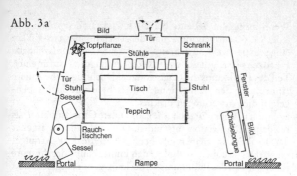

Abb. 3b

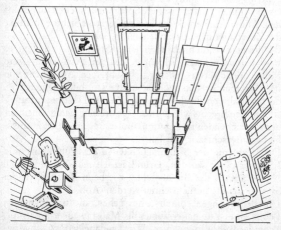

Wenn insgesamt 9 Leute bei Tisch Platz finden sollen und jeder ca. 60 cm benötigt, muß der Tisch mindestens 4,20 m lang sein und ca. 1,30 m breit. Bei dieser Sitzordnung sind alle Hochzeitsgäste gut zu sehen, verdeckt hingegen ein Teil des Publikums die Chaiselongue. Doch auch eine andere Anordnung der Dekoration (Abb. 2a/b) erfüllt buchstaben-getreu die Anweisungen Brechts.

Szenisch ist aber plötzlich eine ganz andere Grundsituation als bei der ersten Version entstanden. Die Tischordnung ist eher der Realität angenähert als beim »Abendmahls«-Arrange-ment. Das hat aber zur Folge, daß immer einige der Akteure für einen Teil des Publikums verdeckt bzw. nur eingeschränkt zu beobachten sind. Im ersten Fall ist also die Theaterkünst-lichkeit stärker betont, sind die Freiheiten beim Inszenieren entsprechend größer. Soll die Chaiselongue in der Aufführung eine besonders wichtige Rolle spielen, ignorieren wir in der dritten Version die Anweisung Brechts und statten den Raum etwas üppiger aus, um weitere Spielmöglichkeiten zu gewin-nen. Außerdem berücksichtigen wir jetzt die Sichtbedürfnisse der Zuschauer ganz besonders (Abb. 3a/b).

Bei dieser Version bleibt die Theater-Stilisierung erhalten, es wird jedoch die Möglichkeit geschaffen, Atmosphäre und Milieu optisch etwas genauer zu beschreiben. Ausgehend von den Angaben Brechts, wird so das Gesamtbild angereichert, der Spielrahmen gleichzeitig erweitert. Die Dialoge und Spiel-situationen Brechts würden in diesen drei nur wenig voneinan-der abweichenden Dekorationsanordnungen jedoch zwangs-läufig unterschiedlich ausfallen.

Die Probleme der Sichtmöglichkeiten des Publikums sind schon erwähnt worden. Grundsätzlich müssen sie sowohl beim Entwurf des Bühnenbildes wie beim Arrangieren der Szenen ständig berücksichtigt werden (Abb. 4).

Die Bemühungen sollten dahin gehen, die ungünstigeren Plätze eines Zuschauerraumes als Maßstab für die Ausnut-zung der Bühne zu nehmen. Würden dabei jedoch die Mög-lichkeiten allzu gravierend eingeschränkt, ist auf den Verkauf dieser Plätze zu verzichten. Dies veranschaulicht die Zeich-

Abb. 4

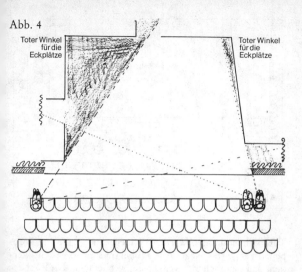

nung: Es gibt im Bühnenraum Bereiche, die von den »extremen« Plätzen aus gar nicht oder nur unzulänglich eingesehen werden können. Bei der Gestaltung des Bühnenbildes ist diesem Umstand durch das geschickte Aufstellen der Seitenwände (siehe Abb. 3a/b) Rechnung zu tragen.
Was geschieht jedoch, wenn der Theaterraum gänzlich anders strukturiert ist? (Abb. 5).
Schon sind die Anweisungen Brechts nicht mehr zu erfüllen. Kann man deshalb das Stück in solchen Räumlichkeiten nicht spielen? Ganz sicher kann man es dennoch: die Anweisungen Brechts sind hier dann nur Ausgangspunkt. Man muß nun versuchen, sie auf die anderen Gegebenheiten zu übertragen. Zimmerwände sind da nicht denkbar. Wir haben nicht nur wie bei den ersten Grundrissen die fehlende vordere (die sogenannte vierte) Wand, sondern es fehlen gleich drei Wände. Die Plätze, an denen Türrahmen hingestellt bzw.

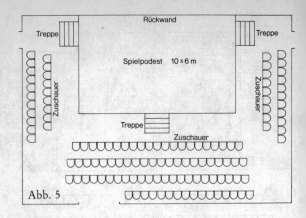

Abb. 5

Türen angenommen werden können, sind durch die Treppenaufgänge festgelegt. Alle Möbel müssen so gestellt werden, daß sie möglichst wenig Sicht wegnehmen. Die Zahl der »extremen« Plätze ist erheblich größer als im anderen Fall die der Eckplätze. Für die Plazierung des Tisches gibt es wenig Spielraum. Folgende Lösung (Abb. 6a/b) wäre denkbar.
Der Tisch mit allem Geschehen ist plötzlich für den mittleren Zuschauerblock ziemlich entrückt. Für die Inszenierung ist deshalb der große freie Raum davor als Spielfläche von besonderer Bedeutung geworden. Auch die Spielorte Rauchtischchen und Chaiselongue bekommen durch ihre Publikumsnähe ein neues Gewicht. Noch wichtiger als bei der Guckkastenbühne ist hier das ständige Überprüfen der unterschiedlichen Publikums-Sichtwinkel bei den Proben.
Festgelegt werden muß, wohin die Türen führen: Bei den ersten drei Versionen geht man durch die Mitteltür in die Küche und zum Ausgang der Wohnung, eventuell zur Toilette, durch die linke Tür gelangt man in das Schlafzimmer oder auch zur Toilette. Will ich hingegen beim Schluß des Stückes das zusammenbrechende Bett im Schlafzimmer zei-

Abb. 6a

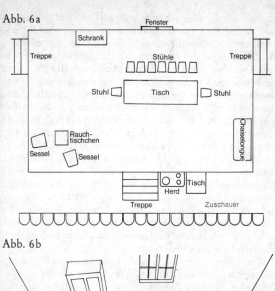

Abb. 6b

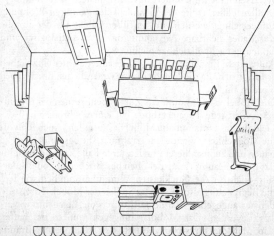

69

gen und hat die Bühne hinten entsprechend Platz dafür, so muß die mittlere Tür dorthin Sicht freigeben und die Seitentür zu den anderen Räumlichkeiten führen. Zu bedenken ist auch, daß bei der mittleren Tür der Zuschauer in jedem Fall in eine weitere Räumlichkeit blickt, daß also auch dort das Bühnenbild weitergehen muß. Bei der Seitentür ist die Notwendigkeit der Gestaltung des dahinterliegenden Raumes vom Winkel der Seitenwand zum Bühnenausschnitt und vom Öffnen der Tür (nach innen oder nach außen / zur einen oder zur anderen Seite) abhängig. Bei der Podest-Version müssen die beiden Treppen hinten rechts und links für Ausgang/Küche, Toilette und Schlafzimmer eingeteilt werden. Es bietet sich jedoch auch die Möglichkeit, die Küche vorne anzunehmen: auf der Skizze ist rechts von der vorderen Treppe ein Herd und ein Tisch eingezeichnet, wo das Essen und Geschirr abgeholt bzw. abgestellt werden können. Die Auf- und Abtritte sind jeweils von allen Plätzen aus zu sehen. D. h., daß auch das Spiel der Darsteller, nachdem sie die Bühne verlassen haben, inszeniert bzw. organisiert werden muß.

In allen Fällen sollte der Grundriß der *gesamten* Wohnung aufgezeichnet werden, um zu überprüfen, ob der für die Zuschauer sichtbare Ausschnitt davon in sich logisch und eindeutig nachvollziehbar bleibt.

Auf weitere Einzelheiten und Möglichkeiten hier einzugehen erübrigt sich, da die Prinzipien im wesentlichen beschrieben worden sind.

Die Möbel, das Zimmer, das Zusammenbrechen des Mobiliars: Nicht jede Theatergruppe hat einen Schreiner und das Geld für das Holz, um die Möbel herzustellen. Auch fehlt oft die Möglichkeit, Wände (Holzrahmen, die bespannt sind) zu bauen und zu installieren. Im letzteren Falle kann problemlos das Bühnenraumprinzip der oben beschriebenen Podest-Version auch für die Guckkastenbühne übernommen werden, die Begrenzung also durch das Stellen der Möbel, Türen und Fenster angegeben und notfalls durch die Beleuchtung verstärkt werden. Das Mobiliar hingegen muß so beschaffen sein, daß die Herstellung durch den Heimwerker-Bräutigam und das Zusammenbrechen glaubwürdig bleibt. Zwei Lösungsmöglichkeiten, die gleichzeitig die Bedeutung des Bühnenbilds für die Interpretation demonstrieren, könnten so aussehen: Der Bräutigam hatte kein Geld, teures Holz zu kaufen, und will die Hochzeitsgäste bluffen, indem er altes Mobiliar mit einer (erschwinglichen) Tapete überklebt hat, die Naturholz darstellt. Die Hochzeitsgäste lassen sich nichts anmerken oder merken es tatsächlich nicht. Bei dieser Version können alte Tische und Stühle – auch solche, die nicht zusammenpassen – benutzt werden. Die andere Lösungsmöglichkeit wäre die, daß der Bräutigam völlig unfähig ist und improvisiert aus den einfachsten Materialien die Einrichtung »zusammenstoppelt«: der Tisch besteht aus einer Holzplatte auf zwei Böcken, der Schrank ist aus Pappe hergestellt, von der Chaiselongue sieht man praktisch nur eine Decke, die Sitzgelegenheiten bestehen aus Kisten, Eimern usw. Auch hier würden sich die Hochzeitsgäste nichts anmerken lassen, der Stolz des Bräutigams ebenso wie die Reaktionen der anderen würden grotesk übersteigert bzw. verzerrt. Der Aspekt der Lüge im Umgang der Leute untereinander machte den Hauptakzent der Interpretation aus.

2. Mehrere Schauplätze

Bei der *Kleinbürgerhochzeit* haben wir es mit einem Akt und einem Schauplatz zu tun. Welche Möglichkeiten der Gestaltung sich bei der Vorgabe von mehreren Schauplätzen eröffnen, möchte ich an Beispielen aus *Maria Stuart* und *Rheingold* erläutern.

Zunächst zu *Maria Stuart*:

Das Stück hat fünf verschiedene Schauplätze, die mehrfach wechseln: *Ein Zimmer* (der Maria) *im Schloß zu Fotheringhay*, *Der Palast zu Westminster*, *Gegend in einem Park* (Fotheringhay), *Vorzimmer* (der Elisabeth), *Zimmer* (der Maria). Dies sind Schillers Szenenangaben. Im Vergleich zu den Angaben Brechts fällt die Dürftigkeit auf, für die Interpreten ist der Zwang gegeben, selbst diese Räumlichkeiten völlig neu erfinden zu müssen. Der dramaturgische Aufbau

71

des Stückes schafft die Schwerpunkte: Aufenthalt der Maria, Welt der Elisabeth und dazwischen der Ort des Aufeinander- treffens der beiden. Diese drei unterschiedlichen Sphären müssen nun charakterisiert und gleichzeitig so einfach gestal- tet werden, daß der *technische Ablauf* rasch, ohne lange Umbaupausen, vor sich gehen kann. Die erste Entscheidung ist, ob man »richtige« Räume zeigen oder sich auf bloße Andeutungen beschränken will.

Gehen wir zunächst wie bei der *Kleinbürgerhochzeit* vor und versuchen »richtige« Räume zu bauen: dazu sind drei Wände mit Türen und Fenstern notwendig, die jeweils für die unter- schiedlichen Zimmer möglichst unaufwendig umgerüstet werden können. Um den Park darzustellen, sind die Wände entweder wegzuräumen oder mit Tüchern zu verdecken. Selbst wenn ein Theater gute technische und finanzielle Vor- aussetzungen hat, wird dieses Prinzip rasch an die Grenze des Machbaren stoßen. Wenn ich dieses Vorgehen als »von außen nach innen« bezeichne, so möchte ich für Stücke wie *Maria Stuart* eher den Weg »von innen nach außen« empfehlen. Wie funktioniert das? Wir haben eingangs eine Bestandsaufnahme der Schauplätze des Stücks und der Szenenangaben des Autors gemacht. Wir gehen nun vom kahlen, leeren Bühnen- raum aus und besorgen für die jeweilige Szene nur das, was für den Beginn des Spiels unabdingbar notwendig ist. Im ersten Auftritt des Stücks brechen zwei Männer in den Gemä- chern der Maria einen Schrank auf. Das ist zunächst der ein- zige Hinweis auf eine Dekoration: ein Schrank. Wie dieser Schrank aussehen soll, wo beispielsweise welche Schubfächer sind, wird nicht angegeben. Zum Probenbeginn besorgen wir uns nun einen alten Schrank (aus einem elterlichen oder groß- elterlichen Keller oder vom Sperrmüll) und füllen ihn mit alten Papieren und mit dem, was man sich als Besitz einer jungen Königin vorstellt. Diesen so präparierten Schrank stellen wir dann auf die Spielfläche: so, daß er von allen Plät- zen im Zuschauerraum aus gut zu sehen ist, so, daß nun gut beobachtet werden kann, wie dieser Schrank aufgebrochen und sein Inhalt registriert wird. Um für die Akteure der Szene

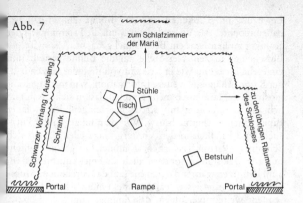

Abb. 7

weitere Orientierungshilfen zu geben, legen wir fest, von wo aus man diesen Raum mit dem Schrank betreten kann und wie wir uns die Aufteilung und Zuordnung der anderen (nicht sichtbaren) Räume des Schlosses vorstellen. Skizziert könnte das beispielsweise wie oben (Abb. 7) aussehen.

Zum Sichten und Registrieren der Papiere und Wertgegenstände der Maria und um dem Zuschauer diesen Vorgang ganz deutlich zeigen zu können, dient, wie eingezeichnet, ein Tisch. Zum Tisch gehören Stühle, und schon ist so etwas wie ein »Salon« der Maria auf der Bühne entstanden. Der Szenenmittelpunkt liegt im linken Bühnenbereich (mehr oder minder zufällig). Durch den Schlitz im Vorhang in der Mitte hinten kommt Maria aus ihrem Schlafzimmer, das dort anzunehmen ist. Zu den übrigen Räumlichkeiten verläßt man die Bühne durch einen Schlitz im Vorhang rechts hinten. Beim Proben dieser Szene in der so angeordneten Dekoration stellt sich nun vielleicht heraus, daß die Maria-Darstellerin zur Charakterisierung ihrer Rolle und zur Erweiterung ihrer

Bewegungsmöglichkeiten auf der Bühne ein Hilfsmittel haben möchte. Als Vorschlag wird, um die Frömmigkeit der Königin zu betonen, ein Betschemel genannt. Also wird ein Betschemel an zentraler Stelle auf die Bühne gestellt und zugesehen, ob und wie er sich sinnvoll im Spiel nutzen läßt: der Raum erhält eine weitere Information. Will man die Religiosität der Maria noch mehr betonen, lassen sich Tisch und Schrank schmücken: mit Kreuzen, Heiligenbildern, einer Bibel, einem Gebetbuch usw. Will man hingegen die Putzsucht und Eitelkeit in den Vordergrund stellen, lassen sich Schminke, Parfumfläschchen, Kämme, Spiegel usw. nicht nur zur Dekoration sondern auch als Spielrequisiten (d. h. zum Benutzen während der Szene) auf das vorhandene Mobiliar verteilen. In diesem Falle müßte, um die Raumidee konsequent weiterzuverfolgen, das Zimmer zum Schlaf- bzw. Ankleidezimmer umfunktioniert und – außer dem Schrank – mit Bett und Schminktisch bestückt werden.

Die wichtigste Information, welche die Zuschauer in den ersten Szenen bekommen und die Darsteller vermitteln müssen, ist die *Gefangenschaft* der Maria. Was ein Gefangenendasein ausmacht, kann man aus der Literatur oder aus Filmen kennenlernen. Für die Theaterarbeit ist es jedoch wichtiger, durch die Selbsterfahrung bei Improvisationen Elemente des Gefangenseins unmittelbar nachzuvollziehen. (Beispielsweise durch die Spielaufgaben: *Wir befinden uns in einem steckengebliebenen Aufzug* oder: *Wir werden ständig beobachtet.*) Die dabei gewonnenen Erfahrungen und Ideen können dann auch für die Bühnenbildgestaltung nutzbar gemacht werden. Der Eindruck, daß zum Gefangensein immer eine gewisse Enge gehört, kann dazu anregen, die Spielfläche sehr klein zu halten und, unterstützt durch Licht, allen Akteuren einen nur geringen Bewegungsradius zuzugestehen. Oder es ergibt sich aus der oben genannten zweiten Improvisation die Idee, ständig irgendwo auf der Bühne Wachpersonal in Waffen sichtbar sein zu lassen.

Auf die gleiche Weise ergibt sich die Dekoration für die Welt der Elisabeth im Schloß zu Westminster: indem durch szeni-

74

Abb. 8

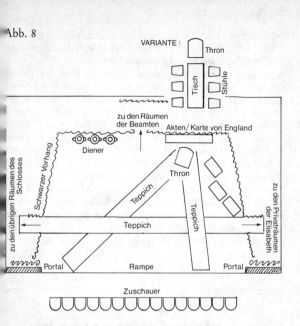

sche Improvisation die Funktionen, Besonderheiten und die Bedeutung dieses Gebäudes herausgefunden werden (Improvisationsbeispiel: *Ein Vormittag im Leben der Königin Elisabeth von England*). Das Ergebnis ist dann vielleicht ein langer Teppich oder ein System von Teppichen mit einem eindrucksvollen Stuhl oder einem Regierungsarbeitstisch, hinzukommen können ein Regal mit Akten, einige Stehpulte, dienstbare Schreiber und Boten usw.

In der Zeichnung könnte das, dem Szenenbild des Maria-»Salons« entsprechend, wie oben (Abb. 8) aussehen.

Das optische Gewicht der Szene und ihrer Dekoration ist so nach rechts gerutscht. Der Raum wird durch die Anordnung der Teppiche gegliedert. Zusätzlich zum Thron oder an seiner

Stelle ergibt ein Konferenztisch gute Spielmöglichkeiten, eine Karte von England als Dekoration liefert weitere Informationen zur Funktion dieses Raumes.

Entwickeln wir nun entsprechend dazu den Park des Schlosses von Fotheringhay, ist folgende Skizze (Abb. 9) denkbar. Der Park ist hier reduziert auf einen oder drei große Topfpflanzen. Wenn wir einen *Schloßpark ohne Publikum* improvisieren, finden wir vielleicht heraus, daß dazu noch Diener, Gärtner, Gartenwerkzeuge, Tiere usw. gehören können. Entscheidend ist jedoch die aus der Skizze ersichtliche Raumaufteilung: der Busch ist so plaziert, daß er ein Spiel in die Tiefe unterstreicht, Möglichkeiten des Verstecks bietet und zwischen den beiden Auftrittsstellen der Maria und der Elisabeth steht. Die Festlegung dieser Stellen ergab sich ganz formal aus den bisherigen Szenenbildern: links war der Schwerpunkt der Sphäre Marias und rechts der Elisabeths. Dieses simple Grundkonzept läßt den Zuschauer die Räum-

Abb. 9

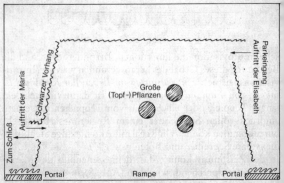

Abb. 10

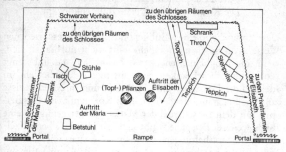

lichkeiten besser verstehen, gibt aber auch ganz pragmatisch den Darstellern während der Vorstellung Orientierungshilfen.

Bei Raumbühnen oder extremen »Breitwandbühnen« ist ein Einheitsbühnenbild möglich, das alle Schauplätze ständig zeigt und bei dem die Szenen nur durch unterschiedliche Beleuchtungseinstellungen herausgehoben werden. Unser bisheriges Konzept würde, auf eine sehr breite Bühne übertragen, wie oben (Abb. 10) aussehen.

Die Bühnenmitte mit dem Park müßte bei einer solchen Lösung in jedem Fall etwas üppiger gestaltet werden, um ein optisches Gegengewicht zu schaffen. Im Vergleich zu den vorher gezeigten einzelnen Bühnenbildlösungen ergeben sich hier eigentlich nur Änderungen der Auftritte: Im »Maria-Bild« wird der Eingang zum Schlafzimmer neu geschaffen und nach vorne, dafür der Ausgang zu den anderen Räumlichkeiten des Schlosses von der Seite nach hinten verlegt. Im »Elisabeth-Bild« wird der Ausgang zu den Räumen der Beamten zu einem allgemeinen Auftritt gemacht. Maria und Elisabeth betreten den Park in dieser Version aus ihren sichtbaren Sphären.

77

2.2. Zusammenfassung: *Maria Stuart / Die Kleinbürgerhochzeit* – Bühnenkonzept

Das Entwickeln eines Bühnenbilds in der beschriebenen Weise »von innen nach außen« hilft nicht nur dabei, sich, wenn die Möglichkeiten begrenzt sind, auf das unbedingt Notwendige beschränken zu können, sondern bezieht im Idealfall die Darsteller, ihre Phantasie und ihre Bedürfnisse zum Erspielen und Bewältigen ihrer Rollen mit ein. Das Beispiel mit dem Betschemel der Maria soll hier genügen, eine Reihe weiterer Beispiele ergibt sich beim Beschreiben einzelner Szenenerarbeitungen. Freilich: eine sparsame, auf das Wesentliche beschränkte Dekoration stellt Anforderungen. Sie verlangt eine gewisse Bereitschaft vom Zuschauer, in seiner Phantasie zu ergänzen, was auf der Bühne nicht gezeigt wird. Der Darsteller hingegen muß so spielen, daß diese Bereitschaft und die Zuschauerphantasie gefördert werden: je brutaler (oder auch penibler, je nach Interpretation) die Schrankdurchsuchung gespielt wird, um so eindrücklicher wird die Gefängnissituation dem Zuschauer nahegebracht.

Außer acht gelassen wurden Fragen der Beleuchtung, des Tons, der Kostüme: dies wird in einem eigenen Abschnitt später dargestellt werden.

Ein Problem sollte jedoch in diesem Zusammenhang noch angesprochen werden: das der Ausstattung eines »historischen Stückes«. Ist man dabei auf die Mithilfe eines Stadttheaters, eines Museums oder eines teuren Kostümverleihs angewiesen? Ich finde nicht. Es ist völlig unerheblich, ob ein Originalschrank aus der Zeit der Königin Elisabeth I. oder ein perfekt nachgebautes Möbelstück auf der Bühne steht oder ob man sich zufriedengibt mit irgendeinem alten Schrank aus dem Sperrmüll. Wichtig ist, daß das Möbelstück eine ganz eindeutige Funktion hat, die dem Zuschauer klar wird, und daß die Spielweise der Theatergruppe einleuchtend macht: dieser alte Schrank gehört zum »Salon« der Königin Maria. Mit anderen Worten: wir stellen den jeweiligen Zeitbezug her, wie es uns notwendig erscheint und mit den uns zur

Verfügung stehenden Mitteln möglich ist. Alles andere können wir getrost dem Zuschauer überlassen. Er nimmt es uns immer dann ab, wenn unser engagiertes Spiel überzeugt.

2.3. *Das Rheingold*

Eine andere Variante, Bühnenbilder zu finden, möchte ich am Beispiel von Wagners *Rheingold*-Textbuch beschreiben.
Die Bühnenbildanweisungen zur 1. und 2. Szene lauten:

1. Szene

Auf dem Grund des Rheines

Grünliche Dämmerung, nach oben zu lichter, nach unten zu dunkler. Die Höhe ist von wogendem Gewässer erfüllt, das rastlos von rechts nach links zu strömt. Nach der Tiefe zu lösen sich die Fluten in einen immer feineren feuchten Nebel auf, so daß der Raum der Manneshöhe vom Boden auf gänzlich frei vom Wasser zu sein scheint, welches wie in Wolkenzügen über den nächtlichen Grund dahinfließt. Überall ragen schroffe Felsenriffe aus der Tiefe auf und grenzen den Raum der Bühne ab; der ganze Boden ist in ein wildes Zackengewirr zerspalten, so daß er nirgends vollkommen eben ist und nach allen Seiten hin in dichtester Finsternis tiefere Schluchten annehmen läßt.

2. Szene

Allmählich sind die Wogen in Gewölke übergegangen, welches, als eine immer heller dämmernde Beleuchtung dahinter tritt, zu feinerem Nebel sich abklärt. Als der Nebel in zarten Wölkchen gänzlich sich in der Höhe verliert, wird im Tagesgrauen eine

freie Gegend auf Bergeshöhen

sichtbar. – Der hervorbrechende Tag beleuchtet mit wachsendem Glanze eine Burg mit blinkenden Zinnen, die auf einem

*Felsgipfel im Hintergrunde steht; zwischen diesem burgge-
krönten Felsgipfel und dem Vordergrunde der Szene ist ein
tiefes Tal, durch welches der Rhein fließt, anzunehmen. – Zur
Seite auf blumigem Grunde liegt Wotan, neben ihm Fricka,
beide schlafend. Die Burg ist ganz sichtbar geworden.*

Der erste Eindruck ist vielleicht der, es bei dem angedeuteten
fließenden Übergang vom einen in das andere Szenarium eher
mit einer filmischen denn einer theatralischen Bilderwelt zu
tun zu haben. Wenn ich nun versuche, ganz naiv an diese
Bilder heranzugehen, bietet sich für das Bühnenbild die gute
alte *Kulissenmalerei* an. Das hört sich teurer und aufwendiger
an, als es tatsächlich ist: auf stabile Wände, auf Stoff oder
Teppich oder auf simples Packpapier gemalte Bilder: es ist
alles erlaubt.
Das Prinzip dabei ist: verschiedene Prospekte werden so
gestellt oder aufgehängt, daß sie *Räumlichkeit vortäuschen*.
Die grünliche Dämmerung der ersten *Rheingold*-Szene ist
dann zur Hauptsache auf einer bemalten Fläche, die den Hin-

Abb. 11a

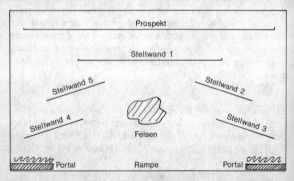

Abb. 11b

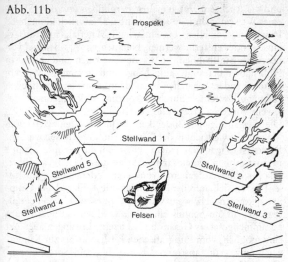

tergrund der Szene abschließt, zu sehen. Die Riffe und das fließende Wasser, die Schluchten und die dichte Finsternis sind auf die Stellwände gemalt. In der Mitte der Bühne ist ein aus Karton hergestellter und angemalter Felsen als einziges »richtiges« Dekorationsstück aufgebaut.

Die Abbildungen (11a/b) zeigen ausgeschnittene Stellwände. Bei der einfacheren Version nicht ausgeschnittener Stellwände muß die entstehende freie Fläche als Wasser ausgemalt werden. Farbiges Licht hinter den Stellwänden (nach oben und zur Seite gerichtet) verstärkt den Unterwasser-Eindruck.

Wechselt man nun zur zweiten Szene, so werden die Prospekte mit der Unterwasserlandschaft ganz einfach gekehrt und die Rückseite mit gemalten Berghöhen und einer Burg, einer Wiese mit Blumen wird sichtbar. Natürlich können die Prospekte, vor allem bei einfachem Material, auch ausgetauscht oder entfernt werden. Nehmen wir das Beispiel von bemalten Stoffbahnen, so werden sie oben und unten an Holzstäben befestigt, aufgehängt und gespannt. Mehrere hintereinander gehängt, lassen dann einen sehr schnellen Bühnenbildwechsel durch das einfache Wegnehmen des jeweils vorderen Prospektes zu.

Die Gestaltung der Bilder kann nun ein oder zwei guten Malern, die vielleicht in der Gruppe sind, überlassen werden. Besser ist es jedoch in jedem Fall, wenn die gesamte Gruppe in einer großen gemeinsamen Aktion diese Malerei ausführt. Die einzelnen Aufgaben (Grundieren, Vorzeichnen, Ausfüllen) lassen sich aufteilen, oder einzelne – oder kleine Gruppen – können sich, wenn das Konzept es zuläßt, frei entfalten, so daß am Schluß ein aus individuellen Bildern bunt zusammengesetztes Gesamtbild entsteht. Lösungen aller Art sind möglich: vom fotografischen Realismus bis zur Kinderzeichnung, von abstrakter Kunst bis zur Sprechblasen-Comic-Zeichnung. Öffnungen wie Fenster und Türen kann es in einer solchen Dekoration natürlich geben, auch Plastikblumen auf dem Bühnenboden der zweiten *Rheingold*-Szene.

3. Einrichten eines Textes – Textkürzungen

Es kommt ganz selten vor, daß eine Theateraufführung einen Stücktext unverändert bietet. Die Veränderungen reichen von der einfachen Kürzung des Textes bis hin zu Umstellungen, neuen Formulierungen, Wahl anderer Schauplätze, einer anderen Zeit usw. Beim Verändern eines Stücktextes haben die meisten Hemmungen: verständlich, da das gedruckte Wort unantastbar erscheint. Daß aber Dichtung schon beim bloßen Lesen in der Phantasie des Lesenden plastisch gemacht, interpretiert und damit verändert wird, ist vielen nicht bewußt. Eine objektive Bewertung eines Stückes halte ich für unmöglich. Wenn fünf Leute nach dem Theaterbesuch oder nach der Lektüre ein und desselben Stückes dessen Inhalt wiedergeben, ergeben sich ganz sicher fünf verschiedene Versionen, je nach ihrem Interesse am Stoff, an den Figuren oder ihrer Weltanschauung.

Ein anschauliches Beispiel liefert uns in diesem Zusammenhang die Problematik des Übersetzens eines fremdsprachigen Textes ins Deutsche. Gerade bei Theaterstücken bedeutet eine solche Übertragung in der Regel schon eine recht weitgehende Interpretation. An Szenenausschnitten einer Shakespeare- und einer Molière-Komödie möchte ich dies illustrieren.

Bei den Shakespeare-Stücken kennen die meisten die Übersetzung von Schlegel–Tieck und setzen diese Übertragung dann fälschlich dem Original gleich. Sie vergessen, daß dabei eine ganz bestimmte Zeit und ihr Lebensgefühl prägend gewesen ist. Das nachfolgende Szenenbeispiel aus Shakespeares *Ein Sommernachtstraum* zeigt, wie der theaterbessene Handwerker Zettel auf das heftigste von der liebestrunkenen Elfenkönigin Titania umgarnt wird. Bei Schlegel liest sich das so:

Titania. Senfsamen! Bohnenblüte! Motte! Spinnweb!
   (Vier Elfen treten auf.)
Erster Elfe. Hier!
Zweiter Elfe. Und ich!
Dritter Elfe. Und ich!
Vierter Elfe. Und ich!
Alle. Was sollen wir?
Titania. Gefällig seid und dienstbar diesem Herrn.
   Hüpft, wo er geht, und gaukelt um ihn her;
   Sucht Aprikos' ihm auf und Stachelbeer;
   Maulbeeren gebt ihm, Feigen, Purpurtrauben.
   Ihr müßt der Biene Honigsack ihm rauben;
   Zur Kerze nehmt von ihr ein wächsern Bein,
   Und steckt es an bei eines Glühwurms Schein,

Zu leuchten meinem Freund bettaus und -ein.
Mit bunter Schmetterlinge Flügelein
Wehrt fächelnd ihm vom Aug' den Mondenschein.
Nun, Elfen, huldigt ihm, und neigt euch fein.
Erster Elfe. Heil dir, Sterblicher!
Zweiter Elfe. Heil!
Dritter Elfe. Heil!
Vierter Elfe. Heil!

Dieselbe Passage übersetzte Frank Günther in seiner 1979/80 in Freiburg gespielten Fassung so:

Titania. Senfsamen! Bohnenblüte! Motte! Spinnweb!
Bohnenblüte. Hier!
Spinnweb.   Ich auch!
Motte.   Ich auch!
Senfsamen.   Ich auch!
Alle. Was sollen wir?
Titania. Seid lieb und freundlich gegen diesen Herrn.
    Umschwirrt ihn, flirrt voraus, huscht hinterdrein;
    Sucht Aprikosen, Feigen, Walderdbeeren,
    Bringt blaue Trauben, und den Honigwein
    Müßt ihr aus allen Bienenstöcken leeren;
    Nehmt auch das Wachs, dazu ein Wespenbein
    Als Docht, und wo die Glühwürmchen verkehren,
    Dort holt ihr Feuer, daß im Kerzenschein
    Mein Liebster nächtlich sieht ganz nach Begehren.
    Dann pflückt bei Schmetterlingen bunte Flügel
    Und fächelt ihm das Mondlicht, das den Hügel
    Hell überbleicht, vom Angesicht. Und gern
    Und freudig, Elfen, dient mir diesem Herrn.
Bohnenblüte. Wohl dir du Sterblicher!
Spinnweb. Wohl dir!
Motte. Wohl dir!
Senfsamen. Wohl dir!

Der Unterschied ist eindeutig: die Fassung Günthers ist »sachlicher«. Die Vermeidung des Wortes »Heil« am Schluß läßt deutlich werden, daß ein Wort im Laufe der Zeit ganz andere Inhalte und Gefühle vermitteln und sich in seiner Bedeutung völlig ändern kann. Wie sehr eine Übersetzung sich an szenischen Vorstellungen zu orientieren vermag, soll das zweite Beispiel zeigen. Die Molière-Komödie *Tartuffe* beginnt in der bei Reclam erschienenen Übersetzung von Reinhard Koester so:

1. Auftritt

Frau Pernelle, Elmire, Marianne, Cléante, Damis, Dorine, Flipote.

Frau Pernelle.
   Wir gehn, Flipote! Ich mag mich nicht mehr streiten.
Elmire. Kaum halt ich Schritt mit Ihnen . . .
Frau Pernelle.   Liebes Kind,
   erspar dir ruhig diese Förmlichkeiten,
   die doch nur leere Flausen sind.
Elmire. Man tut, was sich gehört. Doch darf ich fragen,
   was Sie, Frau Mutter, plötzlich so verstimmt?
Frau Pernelle.
   Wie soll man denn dies Treiben hier ertragen,
   wo keiner die geringste Rücksicht nimmt?
   Ich muß mich freilich ausgetrieben fühlen,
   stoß ich auf Widerspruch allüberall,
   denn jeder will sein Mütchen an mir kühlen –:
   das schnattert wie in einem Gänsestall!
Dorine. Doch . . .
Frau Pernelle.   Du, mein Herzensschatz, bist keck
   und unverschämt – und bist doch hier nur Magd!
   Du steckst dein Näschen frech in jeden Dreck . . .
Damis. Ich . . .
Frau Pernelle.
                   Du?! Du bist ein Dummkopf, kurz gesagt.

85

Für ihre Inszenierung am Deutschen Theater Berlin erarbeiteten sich der Regisseur Benno Besson und sein Dramaturg Hartmut Lang eine eigene Fassung. Hier beginnt *Tartuffe* so:

1. Szene

Madame Pernelle, Elmire, Damis, Dorine, Mariane, Cléante, Flipote.

Pernelle. Komm, komm, Flipote! Ich will sie nicht mehr sehn!

Elmire. Mama, was laufen Sie? Man hält kaum Schritt!

Pernelle. O bleiben Sie, bleiben Sie, Schwiegertochter! Nur keine Umstände, sie sind nicht nötig.

Elmire. Ich tue, was ich Ihnen schuldig bin. Mich wundert nur, daß Sie so hurtig gehn!

Pernelle.

      Ich halte diese Wirtschaft hier nicht aus.
      Ich gehe schlecht erbaut aus diesem Haus!
      Man weiß meine Person nicht zu schätzen,
      man widersetzt sich meinen guten Grundsätzen,
      man hat vor nichts Respekt, man schnattert so,
      als wäre man am Hof des Bettelfürst Petaud!

Dorine. Wenn...

Pernelle. Sie sind, mein Kind, die Kammerzofe, etwas zu großmäulig und sehr impertinent. Ersparen Sie sich Ihren Senf.

Damis. Aber...

Pernelle. Sie sind ein Narr – vier Buchstaben, Herr Enkel!

Abgesehen von Äußerlichkeiten (Auftritt/Szene – Du/Sie – Frau/Madame) ist die Wahl einer Prosafassung mit nur an bestimmten Stellen verwendeten Versen der entscheidende Unterschied. War der Übersetzer des ersten Beispiels ganz offensichtlich daran interessiert, dem Original möglichst zu entsprechen, so haben die Theaterleute schon eine ganz bestimmte Realisierung auf der Bühne im Kopf gehabt. Madame Pernelle spricht plötzlich in Versen und bekommt so eine Charakterisierung ins Groteske.

Doch zurück zum Einrichten eines Aufführungstextes. An Beispielen aus Stücken von Schiller und Wagner möchte ich einen Einblick in die Fülle der Möglichkeiten geben und versuchen, die Scheu vor literarischen Texten bei der Bühnenrealisierung zu mindern.

3.1. *Maria Stuart*

Ein wichtiger Grund, dieses Stück zu kürzen, kann im Umfang des Textes und der langen Spieldauer liegen: sei es, daß die Darsteller vor den Schwierigkeiten zurückschrecken, sei es, daß man dem Publikum eine solche Aufführungsdauer nicht zumuten kann oder will. Für die Demonstration wähle ich den Beginn des dritten Aufzugs: Maria darf ihr Gefängnis verlassen, sie geht in den Park des Schlosses Fotheringhay und trifft dort mit ihrer Todfeindin Elisabeth zusammen. Ihre Dienerin Hanna Kennedy begleitet sie.

Ich bemühe mich zuerst, möglichst radikal zu kürzen, und lasse nur die für das Verständnis und den Fortgang der Handlung notwendigen Informationen stehen. Bei dem nun folgenden ersten Beispiel (*Version 1*) bestimmt mich also nichts anderes als der Wunsch zu verknappen:

1. Auftritt

Maria tritt in schnellem Lauf hinter Bäumen hervor. Hanna Kennedy folgt langsam.

Kennedy. ~~Ihr eilet ja, als wenn Ihr Flügel hättet,~~ ~~So kann ich Euch nicht folgen,~~ Wartet doch!

Maria. Laß mich der neuen Freiheit genießen,
~~Laß mich ein Kind sein, sei es mit!~~
Und auf dem grünen Teppich der Wiesen
Prüfen den leichten, geflügelten Schritt.
Bin ich dem finstern Gefängnis entstiegen,
~~Hält sie mich nicht mehr, die traurige Gruft?~~
Laß mich in vollen, in durstigen Zügen
Trinken die freie, die himmlische Luft.

Kennedy. O meine teure Lady! Euer Kerker
Ist nur um ein klein weniges erweitert,
Ihr seht nur nicht die Mauer, die uns einschließt,
Weil sie der Bäume dicht Gesträuch versteckt.
Maria. O Dank, Dank diesen freundlich grünen Bäumen,
Die meines Kerkers Mauern mir verstecken!
Ich will mich frei und glücklich träumen,
Warum aus meinem süßen Wahn mich wecken?
Umfängt mich nicht der weite Himmelsschoß?
Die Blicke, frei und fessellos,
Ergehen sich in ungemeßnen Räumen
Dort, wo die grauen Nebelberge ragen,
Fängt meines Reiches Grenze an,
Und diese Wolken, die nach Mittag jagen,
Sie suchen Frankreichs fernen Ozean.
          Eilende Wolken! Segler der Lüfte!
Wer mit euch wanderte, mit euch schiffte!
Grüßet mir freundlich mein Jugendland!
Ich bin gefangen, ich bin in Banden,
Ach, ich hab keinen andern Gesandten!
Frei in Lüften ist eure Bahn,
Ihr seid nicht dieser Königin untertan.
Kennedy. Ach, teure Lady! Ihr seid außer Euch.
Die langentbehrte Freiheit macht Euch schwarmen.
Maria. Dort legt ein Fischer den Nachen an!
Dieses elende Werkzeug könnte mich retten,
Brächte mich schnell zu befreundeten Städten.
Spärlich nährt es den dürftigen Mann.
Beladen wollt' ich ihn reich mit Schätzen,
Einen Zug sollt' er tun, wie er keinen getan,
Das Glück sollt' er finden in seinen Netzen,
Nähm' er mich ein in den rettenden Kahn.
Kennedy. Verlorne Wünsche! Seht Ihr nicht, daß uns
Von ferne dort die Spähertritte folgen?
Ein finster grausamer Verbot scheucht jedes
Mitleidige Geschöpf aus unserm Wege.
Maria. Nein, gute Hanna. Glaub mir, nicht umsonst

Ist meines Kerkers Tor geöffnet worden.
~~Die kleine Gunst ist mir des größern Glücks~~
Verkünderin. Ich irre nicht. Es ist
~~Der Liebe tät'ge Hand, der ich sie danke.~~
Lord Leicesters mächt'gen Arm erkenn ich drin.
Allmählich will man mein Gefängnis weiten,
Durch Kleineres zum Größern mich gewöhnen,
~~Bis ich das Antlitz dessen endlich schaue,~~
~~Der mir die Bande löst auf immerdar.~~

Kennedy.
    Ach, ich kann diesen Widerspruch nicht reimen!
~~Noch gestern kündigt man den Tod Euch an,~~
Und heute wird Euch plötzlich solche Freiheit.
Auch denen, hört' ich sagen, wird die Kette
~~Gelöst, auf die die ew'ge Freiheit wartet.~~

Zugegeben: ohne die vorausgehenden zwei Aufzüge würde eine solche Verknappung, ja Skelettierung unverständlich bleiben. Wichtig ist zum Verständnis dieser Striche jedoch zu wissen, daß einige Inhalte der gestrichenen Texte durch die Darstellungsweise im stummen Spiel bestehen bleiben (Freiheitsrausch, Poesie . . .). Eine Möglichkeit des Streichens ist also bei den Texten gegeben, die etwas beschreiben, was der Zuschauer ohnehin sieht. Ohne daß eine konzeptionelle Absicht durch die Kürzungen verfolgt worden wäre, haben sich dennoch zwangsläufig konzeptionelle Konsequenzen ergeben: Die Poesie ist aus dem Vokabular der Szene weitgehend verschwunden (und damit eine große Schwierigkeit glaubwürdiger Darstellung). Die Dienerin Kennedy wird sehr wortkarg, eine fast stumm Mitleidende.
Gehen wir nun etwas weniger grobschlächtig vor: In der Gruppe, die *Maria Stuart* spielen soll, gibt es für die Kennedy nur eine Darstellerin, die gleichaltrig mit der Darstellerin der Maria ist. Die Kennedy soll in der Aufführung nun keine ältere Frau sein, sondern ein fast partnerschaftliches Verhältnis zur jungen Königin haben. Diese Auffassung könnte durch folgende Striche unterstützt werden (*Version 2*):

1. Auftritt

Maria tritt in schnellem Lauf hinter Bäumen hervor. Hanna
Kennedy folgt ~~ungern~~.

Kennedy. Ihr eilet ja, als wenn Ihr Flügel hättet,
~~So kann ich Euch nicht folgen, wartet doch!~~
Maria. Laß mich der neuen Freiheit genießen,
  Laß mich ein Kind sein, sei es mit!
  Und auf dem grünen Teppich der Wiesen
  ~~Prüfen den leichten, geflügelten Schritt.~~
  Bin ich dem finstern Gefängnis entstiegen,
  Hält sie mich nicht mehr, die traurige Gruft?
  Laß mich in vollen, in durstigen Zügen
  Trinken die freie, die himmlische Luft.
Kennedy. ~~O meine teure Lady! Euer Kerker~~
  ~~ist nur um ein klein weniges erweitert~~
  Ihr seht nur nicht die Mauer, die uns einschließt,
  Weil sie der Bäume dicht Gesträuch versteckt.
Maria. O Dank, Dank diesen freundlich grünen Bäumen,
  Die meines Kerkers Mauern mir verstecken!
  Ich will mich frei und glücklich träumen,
  Warum aus meinem süßen Wahn mich wecken?
  ~~Umfängt mich nicht der weite Himmelsschoß?~~
  Die Blicke, frei und fessellos,
  Ergehen sich in ungemeßnen Raumen.
  Dort, wo die grauen Nebelberge ragen,
  Fängt meines Reiches Grenze an,
  Und diese Wolken, die nach Mittag jagen,
  ~~Sie suchen Frankreichs fernen Ozean.~~
  Eilende Wolken! Segler der Lüfte!
  Wer mit euch wanderte, mit euch schiffte!
  ~~Grüßet mir freundlich mein Jugendland!~~
  Ich bin gefangen, ich bin in Banden,
  ~~Ach, ich hab keinen andern Gesandten!~~
  Frei in Lüften ist eure Bahn,
  Ihr seid nicht dieser Königin untertan.

Kennedy. ~~Ach, teure Lady! Ihr seid außer Euch!~~
Die langentbehrte Freiheit macht Euch schwärmen.
Maria. Dort legt ein Fischer den Nachen an!
Dieses elende Werkzeug könnte mich retten,
Brächte mich schnell zu befreundeten Städten.
~~Spärlich nährt es den dürftigen Mann.~~
Beladen wollt' ich ihn reich mit Schätzen,
Einen Zug sollt' er tun, wie er keinen getan,
~~Das Glück sollt' er finden in seinen Netzen,~~
Nähm' er mich ein in den rettenden Kahn.
Kennedy. Verlorne Wünsche! Seht Ihr nicht, daß uns
Von ferne dort die Spähertritte folgen?
~~Ein finster grausames Verbot scheucht jede~~
~~Mitleidige Geschöpf aus unserm Wege.~~
Maria. Nein, ~~gute Hanna~~. Glaub mir, nicht umsonst
Ist meines Kerkers Tor geöffnet worden.
~~Die kleine Gunst ist mir des größern Glücks~~
Verkünderin. Ich irre nicht. Es ist
Der Liebe tät'ge Hand, der ich sie danke.
Lord Leicesters mächt'gen Arm erkenn ich drin.
Allmählich will man mein Gefängnis weiten,
Durch Kleineres zum Größern mich gewöhnen,
Bis ich das Antlitz dessen endlich schaue,
~~Der mir die Bande löst auf immerdar.~~
Kennedy.
~~Nein~~, ich kann diesen Widerspruch nicht reimen!
Noch gestern kündigt man den Tod Euch an,
Und heute wird Euch plötzlich solche Freiheit.
~~Auch denen, hört' ich sagen, wird die Kette~~
~~Gelöst, auf die die ew'ge Freiheit wartet.~~

Auch hier ergibt sich ein »Nebeneffekt«: der Dialog ist sachlicher, gefühlsärmer geworden. Die Situation des Gefangenseins wird analytisch betont. Da ich in den Regieanweisungen ein wichtiges Wort gestrichen habe, einige allgemeine Anmerkungen zu den Regieanweisungen:
In der Regel ist aus ihnen die szenische Vorstellung und die

theatralische Phantasie eines Autors ablesbar. So gibt es Stücke mit seitenlangen Anweisungen und andere, wie hier oder auch bei Shakespeare, in denen nur das absolut Notwendige angemerkt wird. Die theatralische Phantasie eines Autors kann sehr groß, aber auch eher eingeschränkt sein, sie muß nicht unbedingt die gleiche Qualität haben wie die sprachlichen, psychologischen oder gesellschaftskritischen Aspekte eines Stückes. Ganz sicher ist die theatralische Phantasie eines Autors von seinen unmittelbaren Erfahrungen abhängig. Ein Shakespeare hat die Bühne seiner Zeit gekannt und für sie geschrieben. Doch die Verhältnisse haben sich seither geändert, neue Möglichkeiten sind hinzugekommen. Deshalb glaube ich, daß man Regieanweisungen zum Verständnis eines Stückes und der Absichten seines Autors genau lesen und berücksichtigen sollte. Beim Entwickeln der eigenen Inszenierungskonzeption pflege ich jedoch diese Anweisungen zu streichen und durch die eigenen zu ersetzen, die sich aufgrund des Bühnenbilds, der Besetzung usw. ergeben. Nur bei Verständnisschwierigkeiten ziehe ich sie wieder heran. Der eigenen Phantasie wird so mehr Freiheit gegeben, eingeschränkt wird sie durch »Sachzwänge« dann ohnehin wieder früh genug.

Ich komme jetzt zu einer dritten Möglichkeit, den ersten Auftritt des dritten Aufzugs von Schillers *Maria Stuart* szenisch zu verstehen: Hanna Kennedy ist eine alte, sympathisch-mütterliche, Maria Stuart eine junge, schwärmerische Frau (*Version 3*):

1. Auftritt

Maria tritt in schnellem Lauf hinter Bäumen hervor. Hanna Kennedy folgt langsam.

K e n n e d y. ~~Ihr eilet ja, als wenn Ihr Flügel hättet~~
        So kann ich Euch nicht folgen, wartet doch!
M a r i a. Laß mich der neuen Freiheit genießen,
        Laß mich ein Kind sein, sei es mit!
        Und auf dem grünen Teppich der Wiesen

Prüfen den leichten, geflügelten Schritt.
Bin ich dem finstern Gefängnis entstiegen,
Hält sie mich nicht mehr, die traurige Gruft?
Laß mich in vollen, in durstigen Zügen
Trinken die freie, die himmlische Luft.

Kennedy. O meine teure Lady! Euer Kerker
Ist nur um ein klein weniges erweitert.
Ihr seht nur nicht die Mauer, die uns einschließt,
Weil sie der Bäume dicht Gesträuch versteckt.

Maria. O Dank, Dank diesen freundlich grünen Bäumen,
Die meines Kerkers Mauern mir verstecken!
Ich will mich frei und glücklich träumen,
Warum aus meinem süßen Wahn mich wecken?
Umfängt mich nicht der weite Himmelsschoß?
Die Blicke, frei und fessellos,
Ergehen sich in ungemeßnen Räumen.
Dort, wo die grauen Nebelberge ragen,
Fängt meines Reiches Grenze an,
Und diese Wolken, die nach Mittag jagen,
Sie suchen Frankreichs fernen Ozean.
    Eilende Wolken! Segler der Lüfte!
    Wer mit euch wanderte, mit euch schiffte!
    Grüßet mir freundlich mein Jugendland!
    Ich bin gefangen, ich bin in Banden,
    Ach, ich hab keinen andern Gesandten!
    Frei in Lüften ist eure Bahn,
    Ihr seid nicht dieser Königin untertan.

Kennedy. Ach, teure Lady! Ihr seid außer Euch,
Die langentbehrte Freiheit macht Euch schwärmen.

Maria. Dort legt ein Fischer den Nachen an!
    Dieses elende Werkzeug könnte mich retten,
    Brächte mich schnell zu befreundeten Städten,
Spärlich nährt es den dürftigen Mann.
Beladen wollt' ich ihn reich mit Schätzen,
Einen Zug sollt' er tun, wie er keinen getan,
Das Glück sollt' er finden in seinen Netzen,
Nähm' er mich ein in den rettenden Kahn.

93

Kennedy. Verlorne Wünsche! Seht Ihr nicht, daß uns
    Von ferne dort die Spähertritte folgen?
    Ein finster grausames Verbot scheucht jedes
    Mitleidige Geschöpf aus unserm Wege.
Maria. Nein, gute Hanna. Glaub mir, nicht umsonst
    Ist meines Kerkers Tor geöffnet worden.
    Die kleine Gunst ist mir des größern Glücks
    Verkünderin. Ich irre nicht. Es ist
    Der Liebe tät'ge Hand, der ich sie danke.
    Lord Leicesters mächt'gen Arm erkenn ich drin.
    Allmählich will man mein Gefängnis weiten,
    Durch Kleineres zum Größern mich gewöhnen,
    Bis ich das Antlitz dessen endlich schaue,
    Der mir die Bande löst auf immerdar.
Kennedy.
    Ach, ich kann diesen Widerspruch nicht reimen!
    Noch gestern kündigt man den Tod Euch an,
    Und heute wird Euch plötzlich solche Freiheit.
    Auch denen, hört' ich sagen, wird die Kette
    Gelöst, auf die die ew'ge Freiheit wartet.

Bei dieser Version ist auffallend, daß weniger Text gestrichen wurde als vorher, daß einem schwärmerischen Menschen ebenso wie dem guten und wohlwollenden eine größere Beredsamkeit unterstellt wird. Die Verknappungen sind ohne Interpretation in diesem Fall nicht verständlich:
Am Anfang sind Ausschmückungen weggenommen worden. Die dann folgenden Striche sind nur so erklärbar, daß auf der Bühne keine Bäume gezeigt oder angenommen werden sollen, also Striche nach dem Grundsatz, daß nichts gesagt werden soll, was man nicht sieht, oder die Umkehrung, daß man nicht unbedingt sagen muß, was man ohnehin sieht. Das Bild des »elenden Werkzeugs« empfinde ich als der Schwärmerin abträglich. Die Konsequenz ist, daß nicht nur diese Worte, sondern gleich zwei Zeilen gestrichen werden müssen, damit kein abgebrochener Satz entsteht.
Bei der nun folgenden vierten Möglichkeit (*Version 4*) soll die

Absicht der Inszenierung unterstützt werden, Maria als eine
berechnende Kämpferin zu zeigen. Kennedy ist, ähnlich wie
bei Version 1, nur eine Stichwortgeberin:

1. Auftritt

Maria tritt in schnellem Lauf hinter Bäumen hervor. Hanna
Kennedy folgt langsam.

Kennedy. ~~Ihr eilet ja, als wenn Ihr Flügel hättet,~~
~~So kann ich Euch nicht folgen,~~ Wartet doch!
Maria. Laß mich der neuen Freiheit genießen,
~~Laß mich ein Kind sein, sei es mit!~~
Und auf dem grünen Teppich der Wiesen
Prüfen den leichten, geflügelten Schritt.
Bin ich dem finstern Gefängnis entstiegen,
Hält sie mich nicht mehr, die traurige Gruft?
Laß mich in vollen, in durstigen Zügen
~~Trinken die freie, die himmlische Luft.~~
Kennedy. O meine teure Lady! ~~Euer Kerker~~
Ist nur um ein klein ~~weniges erweitert.~~
Ihr seht ~~nur nicht die Mauer, die uns einschließt,~~
~~Weil sie der Bäume dicht Gesträuch verstockt.~~
Maria. ~~O Dank, Dank diesen freundlich grünen Bäumen,~~
Die meines Kerkers Mauern mir verstecken!
Ich will mich frei und glücklich träumen,
Warum aus meinem süßen Wahn mich wecken?
Umfängt mich nicht der weite Himmelsschoß?
Die Blicke, frei und fessellos,
~~Ergehen sich in ungemessnen Räumen.~~
Dort, wo die grauen Nebelberge ragen,
Fängt meines Reiches Grenze an,
~~Und diese Wolken, die nach Mittag jagen,~~
Sie suchen Frankreichs fernen Ozean.
Eilende Wolken! Segler der Lüfte!
Wer mit euch wanderte, mit euch schiffte!
Grüßet mir freundlich mein Jugendland!
~~Ich bin gefangen, ich bin in Banden,~~

Ach, ich hab keinen und in Gesandten!
Frei in Lüften ist eure Bahn,
Ihr seid nicht dieser Königin untertan.

Kennedy. Ach, teure Lady! Ihr seid außer Euch.
Die langentbehrte Freiheit macht Euch schwärmen.

Maria. Dort legt ein Fischer den Nachen an!
Dieses elende Werkzeug könnte mich retten,
Brächte mich schnell zu befreundeten Städten.
Spärlich nährt es den dürftigen Mann.
Beladen wollt' ich ihn reich mit Schätzen,
Einen Zug sollt' er tun, wie er keinen getan,
Das Glück sollt' er finden in seinen Netzen,
Nähm' er mich ein in den rettenden Kahn.

Kennedy. Verlorne Wünsche! Seht Ihr nicht, daß uns
Von ferne dort die Spähertritte folgen?
Ein finster grausames Verbot scheucht jedes
Mitleidige Geschöpf aus unserm Wege.

Maria. Nein, gute Hanna. Glaub mir, nicht umsonst
Ist meines Kerkers Tor geöffnet worden.
Die kleine Gunst ist mir des größern Glücks
Verkündigin. Ich irre nicht. Es ist
Der Liebe tät'ge Hand, der ich sie danke.
Lord Leicesters mächtigen Arm erkenn ich drin.
Allmählich will man mein Gefängnis weiten,
Durch Kleineres zum Größern mich gewöhnen,
Bis ich das Antlitz dessen endlich schaue,
Der mir die Bande löst auf immerdar.

Kennedy.
Ach, ich kann diesen Widerspruch nicht reimen!
Noch gestern kündigt man den Tod Euch an,
Und heute wird Euch plötzlich solche Freiheit.
Auch denen, hört' ich sagen, wird die Kette
Gelöst, auf die die ew'ge Freiheit wartet.

Maria. Hörst du das Hifthorn? Hörst du's klingen,
Mächtigen Rufes, durch Feld und Hain?
Ach, auf das mutige Roß mich zu schwingen ...

Die hier gezeigten unterschiedlichen Kürzungen ergeben eindeutig unterschiedliche Akzente mit zum Teil weitreichenden interpretatorischen Konsequenzen. Ganz sicher wird sich bei dem einen oder anderen Kürzungsvorschlag Widerspruch regen, wird ein Philologe heftig protestieren müssen. Doch: es geht bei allen Vorschlägen um die Vorbereitung einer Theateraufführung mit ganz praktischen Voraussetzungen. So kann man natürlich eine berechnende oder schwärmerische Maria, eine mütterlich-alte oder eine gleichaltrige, partnerschaftliche Kennedy von der jeweiligen Darstellerin auch mit dem gesamten Schiller-Text zeigen lassen. Die Kürzungen helfen jedoch sowohl der Darstellerin als auch dem Publikum, die Szene sehr konkret und pointiert nachzuvollziehen. Damit aber eine Darstellerin die eine oder andere Rolle spielen kann, müssen ihre Anhaltspunkte und Hilfen gegeben werden: etwa charakteristische Eigenschaften äußerer (Beweglichkeit, Alter, Krankheiten usw.) wie innerer Art (begriffsstutzig, wortkarg, schwärmerisch-beredsam usw.). Das sind Hilfen, die Spielweisen ermöglichen. Und dies wird durch die vorgeführten Kürzungen unterstützt. Nehmen wir nochmals das Beispiel einer jungen Darstellerin der Kennedy: verkleidet man sie als alte Frau, läßt sie schlurfend gehen, gebückt stehen usw., so riskiert man zwangsläufig eine gewisse Lächerlichkeit, gestaltet eine grotesk-komische Figur. Als eine Alternative bietet sich die in Version 2 gezeigte Möglichkeit. Bei der Gestaltung der Rolle der Maria sind ebensolche Entscheidungsnotwendigkeiten denkbar. Die Darstellerin der Maria hat Mühe, die poetischen Passagen umzusetzen: dann könnten sowohl Version 1 als auch 4 helfen. Bei Version 1 wären die wenigen lyrischen Sätze leichter zu bewältigen, wenn sie von der Darstellerin nicht gefühlsbetont, sondern eher zynisch gespielt und gesprochen würden.

In jedem Fall: eine Textkürzung und eine damit verbundene Festlegung der Figuren auf ganz bestimmte Eigenschaften bedeutet eine Einengung, Verkleinerung bzw. Vergrößerung dessen, was Schiller geschrieben hat. Sobald eine Entschei-

dung gefällt wurde, hat sie Konsequenzen für den weiteren
Verlauf der Szene und für das ganze Stück. So gesehen ergibt
sich eine Bearbeitung, die rasch eine Eigengesetzlichkeit und
damit ein Eigenleben gewinnt. Eine um die Macht kämpfende
Maria verhält sich zu den anderen Personen anders als eine
schwärmerische. Eine solche Eingrenzung muß jedoch nicht
mit einer Verarmung gleichgesetzt werden. Im Gegenteil: es
kann eine Fülle neuer Möglichkeiten und damit ein neuer
Reichtum entstehen.

3.2. *Das Rheingold*

Als Beispiel für die Veränderung einer Spielvorlage vom Ver-
balen hin zum Spielerischen möchte ich in Ergänzung zum
Vorigen einen Text aus *Das Rheingold* mit entsprechenden
Streichungen vorstellen.
Kürzungen in einer Oper werden sicherlich noch ungewöhn-
licher erscheinen als Streichungen in einem klassischen
Schauspiel. Im Musiktheater wird in der Regel nur wenig
gestrichen. Es gibt die Tradition, daß bestimmte Arien oder
Musikpassagen bei Aufführungen weggelassen werden können. Streichungen, wie wir sie kennengelernt haben, gibt es
nicht. Da ich jedoch *Das Rheingold* als Schauspiel aufführen
will, muß ich mich um Belange der Musik nicht kümmern
und finde nun eine Reihe von Möglichkeiten vor. Eine davon,
aus der vierten Szene, sieht so aus: Der Gott Wotan hat mit
seinem Ratgeber Loge das Gold des Nibelungen Alberich
geraubt und übergibt es nun widerwillig an die Riesen Fafner
und Fasolt, um die als Pfand gefangene Göttin der Jugend,
Freia, auszulösen. Zuletzt erzwingen die Riesen die Heraus-
gabe des Nibelungenringes, der die Macht und die Weltherr-
schaft verleiht:

98

Wotan.   Zu mir, Freia!
           Du bist befreit.
           Wiedergekauft
           kehr uns die Jugend zurück!
           Ihr Riesen, nehmt euren Ring!
(Er wirft den Ring auf den Hort.)
*(Die Riesen lassen Freia los; sie eilt freudig auf die Götter
zu, die sie abwechselnd längere Zeit in höchster Freude
liebkosen.)*
Fafner *(breitet sogleich einen ungeheuren Sack aus und
macht sich über den Hort her, um ihn da hineinzu-
schichten).*
Fasolt *(dem Bruder sich entgegenwerfend).*
           Halt, du Gieriger!
           Gönne mir auch was!
           Redliche Teilung
           taugt uns beiden
Fafner.   Mehr an der Maid als am Gold
           lag dir verliebtem Geck:
           mit Müh zum Tausch
           vermocht' ich dich Toren.
           Ohne zu teilen,
           hättest du Freia gefreit:
           teil ich den Hort,
           billig behalt ich
           die größte Hälfte für mich.
Fasolt.   Schändlicher du!
           Mir diesen Schimpf?
  (Zu den Göttern)
           Euch ruf ich zu Richtern:
           teilet nach Recht
           uns redlich den Hort!
(Wotan wendet sich verächtlich ab.)
Loge.   Den Hort laß ihn raffen:
           halte du nur auf den Ring!

Fasolt *(stürzt sich auf Fafner, der immerzu eingesackt hat).*
　　　　　Zurück, du Frecher!
　　　　　Mein ist der Ring;
　　　　　~~mir blieb er für Freias Blick~~
　(Er greift hastig nach dem Reif. Sie ringen.)
Fafner.　　Fort mit der Faust!
　　　　　Der Ring ist mein!
　(Fasolt entreißt Fafner den Ring.)
Fasolt.　　Ich halt ihn, mir gehört er!
Fafner *(mit einem Pfahle nach Fasolt ausholend).*
　　　　　~~Halt ihn fest, daß er nicht fall!~~
　(Er streckt Fasolt mit einem Streiche zu Boden, dem Sterbenden entreißt er dann hastig den Ring.)
　　　　　~~Nun blinzle nach Freias Blick~~
　　　　　~~an den Reif rührst du nicht mehr!~~
　(Er steckt den Ring in den Sack und rafft dann gemächlich vollends den Hort ein. Alle Götter stehen entsetzt. Langes, feierliches Schweigen.)
~~Wotan.~~　　~~Furchtbar nun~~
　　　　　erfind ich des Fluches Kraft!
Loge.　　　Was gleicht, Wotan,
　　　　　wohl deinem Glücke?
　　　　　Viel erwarb dir
　　　　　des Ringes Gewinn;
　　　　　daß er nun dir genommen,
　　　　　nützt dir noch mehr:
　　　　　deine Feinde – sieh,
　　　　　fällen sich selbst
　　　　　~~um das Gold, das du vergabst~~
Wotan *(tief erschüttert).*
　　　　　Wie doch Bangen mich bindet!
　　　　　~~Sorg und Furcht~~
　　　　　fesseln den Sinn;
　　　　　wie sie zu enden,
　　　　　lehre mich Erda:
　　　　　~~zu ihr muß ich hinab~~

~~Fricka (schmeichelnd sich an ihn schmiegend)~~

> Wo weilst du, Wotan?
> Winkt dir nicht hold
> die hehre Burg,
> die des Gebieters
> gastlich bergend nun harrt?

Wotan *(düster)*.

> Mit bösem Zoll
> ~~zahlt' ich den Bau~~

Diese Kürzungen sind radikal. Der Streit der Riesen wird auf wenige Worte reduziert, das Spiel, die körperliche und szenische Auseinandersetzung werden in den Vordergrund des Interesses gerückt. Die allgemeine Reaktion auf den Mord ist fast stumme Fassungslosigkeit. Alles Diskutieren, Zurückverweisen auf bislang Geschehenes wird weggelassen (man hat es ja bereits gesehen), um die Ungeheuerlichkeit und die spektakuläre Wirkung eines Riesen-Mordes nicht zu verkleinern. Aufgelöst wird diese Spannung nun durch ein von Gott Donner wortreich herbeigezaubertes Gewitter.

4. Das Verteilen der Rollen (Besetzen)

Ganz ohne Zweifel ist dies einer der heikelsten Punkte bei jeder Theaterarbeit. Wenn es an das Verteilen der Rollen geht, gibt es in der Regel in jeder Gruppe Schwierigkeiten.
Es ist notwendig – und zugegebenermaßen nicht leicht –, der Gruppe zu verdeutlichen, daß es »gute« und »schlechte« Rollen nicht gibt. Jede Rolle ist um so wirkungsvoller, je engagierter der Darsteller sie zu verkörpern sucht. Es gibt Beispiele, daß Nebenrollen oder Rollen mit nur einem kurzen Auftritt durch einen Schauspieler derart überzeugend gespielt wurden, daß sie einen nachhaltigeren Eindruck hinterließen als manche Hauptfigur. Dann gibt es Rollen, die zwar viel Text haben, wegen ihrer »Farblosigkeit« jedoch als »undankbar« gelten. Dazu zählen manche Liebhaber- oder Diener-

oder Gute-Freunde-Rollen. Doch auch diese Wertung halte ich für sehr oberflächlich. Wie faszinierend – im Komischen wie im Ernsthaften – kann ein heftig werbender Mann, ein schlitzohriger oder distinguierter Diener, ein rechtschaffen biederer Rechtsanwalt gespielt werden. Wichtig ist nur, diesen Rollen die gleiche Beachtung zu schenken und auf sie mit der gleichen Phantasie einzugehen wie auf die sogenannten Hauptrollen. Zugegeben: es gibt Mittelpunktsrollen, die vom jeweiligen Star einer Truppe gespielt werden. Bei Schauspieler-Autoren wie Molière oder Nestroy sind das meist die Rollen, die der Autor für sich selbst geschrieben hat. Doch diese Mittelpunktsfiguren verlieren an Übergewicht und gewinnen an Vielschichtigkeit, wenn sich die Gestaltung der anderen Rollen durch Farbigkeit auszeichnet. Das Star-Problem wird übrigens dann keine große Bedeutung in einer Gruppe haben, wenn jedes Gruppenmitglied sich selbst und die Mitspieler in *stückunabhängigen* Vorübungen, wie sie hier an anderer Stelle beschrieben worden sind, kennengelernt hat.

Eine weitere große Erleichterung bei einer Rollenverteilung ist folgende Überlegung: *Die* Besetzung einer Rolle gibt es nicht. Wer schreibt denn vor, daß jeder Mephistopheles so aussehen muß wie Gustaf Gründgens in der legendären *Faust*-Verfilmung? Auch Gründgens zeigte nur *eine*, nämlich seine Möglichkeit, den Mephisto zu interpretieren. Oder warum muß der Dorfrichter Adam im *Zerbrochnen Krug* unbedingt dick und alt sein? Aufgrund bedeutender Inszenierungen im Theater oder im Film/Fernsehen haben sich oft Klischeevorstellungen (auch beim Zuschauer) festgesetzt, bestimmte Traditionen, »wie etwas dargestellt zu werden hat«, verhärtet. All dies nimmt uns die Unbefangenheit, die Rollen nach unseren Wünschen und Möglichkeiten auszugestalten. An Beispielen aus den vier Stücken möchte ich Erfahrungen beim Rollenverteilen beschreiben.

Übungen:

Es ist zu empfehlen, jedem Gruppenmitglied die Möglichkeit zu geben, jede zu besetzende Rolle kennenzulernen. Das liest sich schwieriger, als es ist: In gemeinsamen Aktionen, in Improvisationen oder in Gesellschaftsspielen kann das unabhängig vom konkreten Text geschehen.

Nehmen wir fünf Rollen aus der *Maria Stuart*: Maria, Elisabeth, Mortimer, Burleigh, Leicester. Wir unterteilen die Gesamtgruppe in Gruppen zu je fünf Spielern. Nun werden verschiedene Situationen improvisiert:

1. *Eine Party:* Jemand ist »tonangebend«, hat Aversionen gegen einen anderen Party-Gast. Die übrigen Gäste müssen auf die Auseinandersetzungen reagieren.

2. *In einer Schulklasse* ist ein Rüpel, der besonderen Haß auf den »Streber« hat. Die Mitschüler sind in ihrer Sympathie und Antipathie hin- und hergerissen.

3. *Schiffbrüchige:* Einer hat eine Waffe, ein anderer muß das Boot verlassen, wenn die übrigen überleben wollen.

4. *Am Biertisch:* Einer hat das große Geld und damit das Sagen. Er gibt Runden aus. Er amüsiert sich und die anderen auf Kosten eines Außenseiters.

5. *Zwei Leute streiten sich* in einem Geschäft um einen preisgünstigen Gelegenheitskauf (eine schöne Vase, ein Buch, ein Kleidungsstück usw.). Einer bleibt Sieger. Da der Besitzer des Geschäfts gerade abwesend ist, fühlen sich die anderen Kunden in den Streit einbezogen.

Es müssen nicht alle fünf Improvisationen gespielt werden. Es kann auch eine einzelne genommen und in fünf Varianten mit stets wechselnder Rollenverteilung ausprobiert werden. Darstellerinnen *und* Darsteller sollten also einmal jede Figur und ihre Position kennengelernt haben.

Diese wechselnden Rollenverteilungen ergeben unterschiedliche Versionen, die aus der ursprünglich recht dürftigen Spielanleitung meist spannende und höchst aufschlußreiche Mini-Stücke werden lassen. Jeder erlebt dabei die Situation des Überlegenen und die des Unterlegenen. Jeder reagiert auf Auseinandersetzungen oder Machtkämpfe in der unmittelbaren Betroffenheit anders. Das kann bedeuten, daß der eine mehr Zuneigung für den Schwächeren entwickelt, der andere sich opportunistisch auf die Seite des Stärkeren schlägt, ein dritter sich am liebsten aus allem heraushalten möchte. Damit kommen dann, stark vereinfacht, die drei genannten Männerrollen und Charaktere aus *Maria Stuart* ins Spiel. In jedem Fall leistet eine solche Folge von Übungen, daß jeder die Grundpositionen der Rollen im Stück »hautnah« kennenlernt. Außerdem kann er eine Einstellung zu den Verhaltensweisen der anderen suchen. Jemand kann es für sich unerträglich finden, der Unterlegene, der Ohnmächtige zu sein. Genauso kann ein anderer Spaß darin finden, Macht und Gewalt auszuüben, den »Brutalen zu spielen«. Über diese Erfahrungen und Vorstellungen der einzelnen sollte in der Gruppe gesprochen werden. Dabei ergeben sich ganz gewiß Anhaltspunkte, die bei der Rollenverteilung nützlich sind. Schließlich hat der Spielleiter nach den Vorübungen und den Improvisationen einen wichtigen Aufschluß über die Interessen der einzelnen Gruppenmitglieder an *Maria Stuart* gewonnen. Schwierig wird es dann, wenn nach weiteren Gruppenübungen (zu Rollen wie Paulet, Amme oder Staatssekretär) der Punkt erreicht ist, wo jeder seinen Rollenwunsch nennt. Fast immer ergeben sich dabei Interessenüberschneidungen. Daraufhin eine ausführliche Diskussion darüber zu beginnen, wer nun für die jeweilige Rolle der »bessere« sei, wäre nicht sehr sinnvoll. Der Spielleiter sollte sich dann die Entscheidung vorbehalten und die verschiedenen Bewerber in der folgenden spielerischen Improvisationsform gegeneinander »antreten« lassen: Textunabhängige Grundsituationen in Zweier- oder Dreierformation von Figuren des Stücks werden gespielt. Ein Mortimer-Bewerber improvisiert also mit einem anderen Bewerber um dieselbe Rolle: ein besonnener Mensch versucht, einen blindwütigen von einer Dummheit abzuhalten. Danach spielt der Blindwütige einen Gefängniswärter, den der vorher Besonnene nun bedrängt, ihn zu einem Gefangenen vorzulassen. Oder: zwei Maria-Bewerberinnen improvisieren abwechselnd die folgenden Situationen: Eine Frau hat einen schweren Verlust erlitten, doch ihre mitfühlende Freundin tröstet sie. Bei diesen Übungen wird dem Partner auch die Möglichkeit einer anderen Rolle anschaulich gemacht (im ersten Fall die des Paulet, im zweiten Fall die der Amme). Natürlich kann man auch verschiedene Bewerber »mischen«: Auf dem Schulhof / bei einer Party wirbt ein Mortimer-Bewerber schüchtern/heißblütig um ein Mädchen (Maria-Bewerberin). Oder: eine Frau (Elisabeth-Bewerberin) erprobt die Treue ihres Freundes (Leicester-Bewerber). Diese letzten Improvisationen lassen sich personell erweitern. Dadurch wird der Wettbewerbscharakter des Ganzen etwas entschärft.

Ist nun eine Entscheidung gefallen, sind die Rollen verteilt worden, so ist es unbedingt notwendig, nochmals zu verdeutlichen, daß diese Entscheidung keine Bewertung der Fähigkeiten der einzelnen Darsteller ist, daß nicht nach »gut« oder »nicht geeignet« unterschieden wurde. Die Gründe sind allein in der Zusammensetzung der Gruppe und den unterschiedlichen Spielerpersönlichkeiten zu sehen. Je mehr Zeit man sich für diesen Vorgang nehmen kann, je weniger unvermittelt die Entscheidung kommt, je mehr die Gruppe bis dahin schon zusammengewachsen ist, um so geringer werden die Probleme sein. Daß Enttäuschungsgefühle dabei nicht ganz zu vermeiden sind, soll damit nicht geleugnet werden.

Am Beispiel der *Kleinbürgerhochzeit* möchte ich noch einen anderen Gesichtspunkt zeigen: In diesem Stück sind die verschiedenen Rollen ziemlich gleichwertig. Bei ihrer Besetzung ist von besonderer Bedeutung, daß die Paare bzw. Gruppen zueinander passen müssen bzw. nicht zueinander passen dürfen. Dies nicht in einem abstrakten Sinn: die in Frage kommenden Mitglieder der Theatergruppe sind gemeint. Die folgenden Konstellationen sind genau zu beachten und für sich zu betrachten: Es »gehören zusammen«: der Brautvater / die Bräutigam-Mutter, der Bräutigam / die Braut, der junge Mann / die Schwester der Braut, die Frau / ihr Mann / der Freund des Bräutigams. Um eine Besetzung zu finden, ist es notwendig, solche Spiele zu spielen, bei denen sich möglichst viele verschiedene Paare bzw. Gruppen bilden, sich kennenlernen und beobachtet werden. Das können Tanzspiele sein, bei denen die Partner »abgeklatscht« und so ausgetauscht

werden, oder auch improvisierte Zweier- und Dreier-Szenen
zu Themen wie: *Alkohol, Eifersucht, Geschwätzigkeit,
Einsamkeit* usw. Dabei sollen natürlich wieder konkrete
Situationen angenommen werden. Beispielsweise: die Frau
kommt vom Einkauf heim, klagt über die hohen Preise, der
Mann weiß alles besser. Oder: der Mann kommt betrunken heim, die Frau macht ihm eine Szene. Oder: angesichts
der nichtstuenden Familie arbeitet die Hausfrau entnervt
am Samstagvormittag.

5. Szenische (Vor-)Übungen zu den Stücken

Regie hört sich oft so an: »Du kommst von rechts, der andere
von hinten, ihr trefft euch vorne in der Mitte der Bühne.
Nach dem zweiten Satz machst du einen nachdenklichen
Gang nach hinten, kommst dann stumm wieder nach vorne
und beginnst . . .«
Damit Gänge und Aktionen nicht nur »Bewegungstherapie«
sind (»Man kann ja nicht immer nur herumstehen . . .«), sondern um sie als sinnvolle Ergänzung oder Ursache eines Dia-
loges einzusetzen, um gleichzeitig Aufschluß zu finden über
die Funktion, die Verhaltensweisen und Möglichkeiten der
einzelnen Figuren und obendrein die Phantasie der Spieler zu
fordern und kennenzulernen, sind Improvisationen, die sich
unmittelbar auf das Stück und seine Situationen beziehen,
höchst wirkungsvoll, informativ und für die folgende
Probenarbeit am Text selbst hilfreich.
An Beispielen aus unseren vier Stücken möchte ich dazu
Anregungen geben und Prinzipien deutlich machen.

5.1. *Maria Stuart*

Am Anfang des Stückes (I,1) untersucht Paulet, der »Hüter
der Maria«, einen Schrank seiner Gefangenen nach verdächtigen Briefen oder anderen Aufzeichnungen. Anwesend ist

außer ihm und seinem Gehilfen Drury die Amme Hanna Kennedy. Man könnte nun das Stück auf dreierlei Weise beginnen lassen:

1. Die drei Personen sind auf der Bühne und beginnen bei Licht oder nach Öffnen des Vorhangs den Dialog. 2. Die Bühne ist leer, dann betreten Paulet und Drury gefolgt von Kennedy die Szene. 3. Paulet/Drury oder Kennedy sind auf der Bühne, Kennedy oder Paulet/Drury kommen hinzu. Alle drei Möglichkeiten wären »richtig«. Im ersten Fall würden wir den Zuschauer von einer bestimmten Stelle an (die Schiller bezeichnet) in einen bereits »laufenden Film« blicken lassen. Im zweiten wird die von Schiller nicht festgelegte Handlung »nach draußen« verlegt, es wurde außerhalb der Szene ein Dialog geführt, der nun beim Hereinkommen fortgesetzt wird. Bei der dritten Variante beginnt die Szene erst mit dem ersten Satz der Kennedy als Reaktion auf die Aktionen Paulets und seines Gehilfen.

Mit der Beschreibung dieser drei Möglichkeiten ist ein grundsätzlicher Punkt angesprochen: Die meisten Theaterstücke zeigen nur Ausschnitte einer Handlung. Viele Dinge, die vorausgingen oder folgen, müssen aufgrund der Informationen, die uns der Text gibt, rekonstruiert oder auch von uns erfunden werden. Es ist also die Frage zu beantworten: Was haben die handelnden Personen getan, gedacht oder geredet, unmittelbar bevor die Szene beginnt bzw. bevor die Szene betreten wird? Entsprechend verhält sich dann jemand: *fröhlich, traurig, eifrig, langsam . . .*

Um im Falle unserer Schrankdurchsuchung weiterzukommen, lassen wir zunächst den Text beiseite und versuchen, durch einige Improvisationsübungen wichtige Elemente dieser Szene kennenzulernen.

Die Darsteller der Kennedy, der Maria, des Paulet und des Drury erhalten die Aufgabe, in den Möbeln, die für die Räumlichkeiten der Maria schon ausgesucht worden sind, eine polizeiliche Durchsuchung vorzunehmen, wobei Paulet und Drury Inspektor und Polizist sind und Maria und Kennedy zwei Frauen, die etwas zu verbergen haben. Die Gruppe erinnert sich vielleicht an Filme, in denen polizeiliche Durchsuchungen gezeigt wurden, und vielleicht stellen die Darsteller schon beim gemeinsamen Absprechen des Improvisationsablaufs fest, daß sie noch andere Möbel oder Spielrequisiten benötigen. Die erste Festlegung muß jedoch der Anlaß der Wohnungsdurchsuchung sein: es muß genau bestimmt werden, warum die Wohnung auf den Kopf gestellt wird und welche Gegenstände zu finden sind. Die Aufteilung der Räumlichkeiten muß allen klar sein, die Handlungsschwerpunkte sind abgesprochen, dann wird gespielt. Die anderen schauen zu und registrieren, welche Verhaltensweisen der einzelnen sich in dieser extremen Situation zeigen, welche Reaktionen sich ergeben. Anschließend werden die Erfahrungen der Improvisation gesammelt und der Versuch einer Übertragung auf die Schiller-Szene wird gewagt. (Was kann verwendet werden, was nicht? usw.)

Eine andere Übung, die sich – immer noch textunabhängig – enger an *Maria Stuart* anlehnt. Beteiligt sind dieselben Darsteller wie bei der vorigen Übung, hinzu kommt die Elisabeth. Jeder ist jetzt »in seiner Rolle« und kann verschiedene Möglichkeiten der Spielweisen für sich ausprobieren. Die folgende Geschichte ist zu improvisieren: Paulet erhält von Elisabeth die Information, daß seine Gefangene aus ihrem Gefängnis heraus einen Anschlag auf Königin und Staat vorbereitet. Sie legt ihm schriftliche Beweise in Form von Zeugenaussagen vor. Dann befiehlt sie ihm, die Räume und die Privatsachen Marias gründlich nach versteckten Briefen, Aufzeichnungen, Waffen, Gift usw. zu durchsuchen. (Die Angaben über das, was Elisabeth sagt, sollten im »Ernstfall« nicht so ausführlich sein, auch da hätte die Darstellerin der Elisabeth schon viel Spielraum für eigene Erfindungen.) Paulet gehorcht, begibt sich in sein Schloß und dort in sein Dienstzimmer. Er befiehlt seinen Diener Drury zu sich, informiert ihn über den Auftrag. Gemeinsam gehen sie, nachdem sie sich für die Ausführung vorbereitet haben, in die Räume Marias und beginnen die Durchsuchung. Dabei werden sie von der Amme Kennedy überrascht, die versucht, sie an ihrem Tun zu hindern. Während Paulet auf diesen Versuch reagiert, kommt Maria und gibt sich den Anschein, völlig souverän zu sein. Sie will nun erfahren, wie es mit ihr und ihrer Gefangenschaft weitergeht, sie hat außerdem ganz offensichtlich etwas zu verbergen.

Dadurch, daß die Darsteller nun mit eigenen Worten die Handlung, ihren jeweiligen Charakter mit all seinen Eigenschaften und Absichten spielen, werden sie gleichzeitig gezwungen, sich genauer mit der Handlung des Stücks zu beschäftigen. Das eigene Vokabular ermöglicht natürlich mehr Freiheit und Unbefangenheit, der Darsteller bleibt eher »er selbst« als mit einem vorgeschriebenen Text. Innerhalb der Improvisation oder beim Wiederholen einzelner Abschnitte sollte jeder Darsteller unterschiedliche Möglichkeiten seiner Rolle für sich ausprobieren: So kann Paulet einmal der überkorrekte und standesbewußte Beamte sein; dies zeigt sich zum Beispiel darin, daß er die Amme Kennedy als Untergebene behandelt und die Maria als eine gleichgestellte Adelige. Eine andere Variante: Paulet ist ein übervorsichtiger Beamter, der immer einen Untergebenen vorschickt, dessen »Versagen« er dann zu seinem eigenen Schutz benutzen kann. Dieser Paulet ordnet zwar an, aber er führt selbst nie aus, d. h., er bricht eigenhändig keinen Schrank auf. Oder die Kennedy: es ist denkbar, daß sie sehr ängstlich, ohnmächtig hilflos auf die Durchsuchung reagiert, ebenso kann sie aber auch als eine energisch sich widersetzende Frau gezeigt werden. Der Darsteller bzw. die Darstellerin werden sicher noch andere Möglichkeiten finden und dann die ihnen gemäße.

Beim Gruppengespräch im Anschluß an diese so erspielte Geschichte ergeben sich Fragen, die sich sofort auf die eigentliche Szene bei Schiller beziehen. Dabei kommt nun zwangsläufig der Text und damit die Sprache Schillers in die Diskussion. Da jedoch die Situation und der szenische Zusammenhang für jeden Beteiligten ganz konkret geworden sind, sollte die Schwelle der Schwierigkeiten und Hemmungen um einiges niedriger geworden sein.

In kleinen Gruppen können nun die beschriebenen Darstellungsmöglichkeiten zusammen mit Schiller-Texten oder aus Schillers Vokabular zusammengesetzten Sätzen geübt werden:

1. Der Paulet- und der Drury-Darsteller haben ein Schubfach mit allem, was ihrer Meinung nach dort aus dem Besitz der Maria zu finden sein könnte, gefüllt. Nun beginnen sie, es zu durchsuchen. Paulet sagt: »Sieh und schau, was schimmert da!?« Er variiert: *als Befehl, als überraschte Frage, lauernd, freudig* usw. Mit dem Wort »Sir« reagiert Drury jeweils entsprechend.

2. Kennedy gibt Maria Bericht: »So traf Tyrannentritt die Treue.« Sie sagt und spielt den Satz: *wütend, resigniert, tröstend, jammernd* usw. Maria antwortet: »Die Ungewißheit quält mich unaufhörlich« jeweils auf die Kennedy reagierend.

Als zweiten Szenenkomplex nehme ich den von den Streichungs-Beispielen her schon bekannten Anfang des dritten Aufzugs (im Park zu Fotheringhay: Maria darf nach langer Gefangenschaft erstmals wieder das Schloß verlassen). Ein Beispiel für das improvisierte Erspielen dieser Situation: Es hat drei Wochen ununterbrochen geregnet, zwei Frauen waren in dieser Zeit an ihr Haus gefesselt; endlich ist das schlechte Wetter zu Ende, sie können hinaus . . . Oder: zwei Frauen sind in einem Fahrstuhl steckengeblieben. Erst nach zwei Stunden kommt ihnen ein Monteur zu Hilfe, sie können hinaus . . . Das Reagieren auf solche Befreiungen ist individuell höchst unterschiedlich. Das sollte bei den Darstellerinnen und dem Darsteller genau beobachtet und festgehalten und dann in der Stück-Szene verwendet werden.

Ein Vorschlag als ergänzende Textübung: Maria tanzt, lacht, singt, weint, ruft den Satz: »Es brächte mich schnell zu befreundeten Städten.« Kennedy versucht dabei Maria immer wieder zu unterbrechen: »Seht Ihr nicht, daß uns von ferne dort die Spähertritte folgen? . . .« (*lustig, traurig, hilflos, dringlich* . . .).

Zum vierten Auftritt dieses Aufzugs (Elisabeth und Maria

begegnen einander) ließen sich folgende Improvisationsaufgaben aus dem Stück ableiten:

1. (für Elisabeth und Gefolge). *Im Vorraum einer großen Arena wartet eine Politikerin auf einen großen Auftritt, von dem ihr weiteres Schicksal abhängt. Ihre Berater und Vertraute bemühen sich um sie.*

2. *Eine Frau geht mit Bekannten spazieren. Plötzlich entdeckt sie von weitem die Rivalin, an die sie ihren Mann verloren hat.*

3. *In einem Büro: eine Frau kommt mit einem lebenswichtigen Anliegen zu einer Beamtin. Die läßt sie ihre Macht spüren . . .*

4. *Zwei Frauen treten in einen Rede-Wettbewerb: jede versucht, die andere in einer Zwei-Minuten-Rede möglichst schlecht und beleidigend zu schildern.*

5. *Zwei Frauen wollen miteinander raufen, ihre jeweiligen Freunde versuchen sie daran zu hindern.*

Bei Improvisation 1 werden Möglichkeiten der Vorgeschichte (was machen Elisabeth und ihr Gefolge »hinter der Szene«?) ausprobiert. Die anderen vier Improvisationen sollen den Darstellerinnen der Elisabeth und der Maria verschiedene Kampfsituationen vermitteln, den Männern das unterschiedliche Reagieren aufgrund der jeweiligen Interessen und Zwänge.

Textübung: *Elisabeth versucht Maria zu provozieren:* »Vom Unglück keineswegs geschmeidigt . . .« (*frohlockend, wütend, hochnäsig, fragend . . .*). *Maria reagiert darauf:* »Denkt an den Wechsel alles Menschlichen . . .« (z. B.: *bittend, zornig, schreiend . . .*).

5.2. *Die schlimmen Buben in der Schule*

Aus Nestroys Stück nehme ich die neunte Szene: Der Schulunterricht beginnt, der Aufseher führt die disziplinlosen Knaben in das Klassenzimmer, der hilflose Schulmeister Wampl versucht vergeblich, sich durchzusetzen.

Die Schulsituation ist jedem vertraut. Deshalb muß hier nicht nach entsprechenden Situationen gesucht werden. Zur Einstimmung empfehlen sich deshalb folgende Übungen:

1. *Eine Schulklasse kommt nach dem Läuten in das Klassenzimmer und wartet ohne Aufsicht auf den Lehrer.* Die einzelnen Typen sind vorher nicht festzulegen: der Streber, der Clevere, der Dicke, der Clown usw. Die sollten sich beim improvisierten und überschäumenden Lärmen in der Gruppe herauskristallisieren.

2. *In der Pause: eine Aufsichtsperson kann sich gegen das Chaos nicht durchsetzen, im Gegenteil: sie wird zum Spielball der Schüler.*

3. *Eine Klassenarbeit wird geschrieben: der aufsichtführende Lehrer liest demonstrativ die Zeitung. Die Schüler versuchen zu mogeln, einige machen nicht mit . . .*

Textübungen:

Einige ganz kurze Sätze aus dem Stück werden in die jeweilige Mundart übertragen und dann im Chor, hintereinander, durcheinander nach festgelegter Reihenfolge geschrien, geflüstert, gesungen usw.: »Der gibt kein' Fried'!« »Nix getan!« »Ob's d' weiter gehst!« . . .

Ein Wettbewerb im Schnellesen eines Stücktextes.

5.3. *Das Rheingold*

Zur vierten Szene, aus der ich einen Teil benutzt habe, um die Technik des Streichens zu demonstrieren, möchte ich die folgenden Übungen als Beispiele geben:

1. Um einige körperliche Bewegungsabläufe bewußt nachzuvollziehen, gleichzeitig in der Gruppe Effekte gemeinsam zu empfinden, trainieren wir »Zeitlupe«: a) *Zwei Männer zerren einen gefesselten dritten Mann auf die Szene, werfen ihn zu Boden und triumphieren* (Alberich, Wotan, Loge). b) *Nachdem eine Frau an die Rampe getreten ist, laufen alle anderen erfreut auf sie zu, umringen sie, schließen sie in die Arme* (Freia, die Götter). c) *Eine Gruppe von Leuten liegt erschöpft,*

112

in todesähnlichem Schlaf. Allmählich löst sich die Erstarrung bis hin zum freudigen Aufnehmen der Umgebung und der anderen. (Die Götter werden wieder »jung«.) d) *Zwei Männer raufen um einen wertvollen Gegenstand, andere schauen teilnahmslos/teilnahmsvoll zu* (Riesen, Götter). e) *In feierlich-beschwingtem Zug überqueren vornehme Leute die Szene und verschwinden durch eine Tür / ein Tor* (Götter).

Wie gesagt: alle diese Übungen sollen in »Zeitlupe« gespielt werden. Das setzt voraus, daß der Ablauf vorher etwas genauer besprochen und festgelegt wird, als es bei den anderen Improvisationsübungen bislang notwendig war. Nützlich ist es auch, wenn bestimmte, charakteristische Bewegungsabläufe mehrfach wiederholt werden, vergleichbar den Wiederholungen einer defekten Schallplatte: etwa ein mörderischer Schlag beim Raufen der beiden Männer.

Da *Das Rheingold* märchenhaft und phantastisch ist, liegt es natürlich nahe, einzelne Elemente dieses »Zeitlupenspiels« später im Stück zu verwenden.

2. *Mit einem Gruppenmitglied wird ein Schabernack veranstaltet, ohnmächtig vor Wut beschimpft es die anderen, die sich königlich darüber amüsieren* (Alberich und die Götter).

3. *Wie vertreiben sich die Riesen mit ihrem Pfand, der Göttin Freia, die Zeit, während Loge und Wotan das Rheingold rauben?* (Verhältnis der Riesen untereinander und zu Freia. Wieder wird eine Situation, die der Zuschauer im Stück nicht zu sehen bekommt, die Wagner nicht beschrieben hat, erfunden. Sie liefert ganz sicher Hinweise für Verhaltensweisen der drei, wenn sie auf der Szene sind.)

4. *Die Gruppe rastet während einer Wanderung und wird dabei von einem Gewitter überrascht* (Götter).

5. *Ein Unfall ist passiert* (Fasolt wird erschlagen, der Riese Fafner und die Götter).

Textübungen: Die Kunstsprache Wagners eignet sich vorzüglich für sprechtechnische Übungen aller Art und ist auch außerhalb der Beschäftigung mit seinen Werken als »Material« sehr zu empfehlen.

1. *Die Rheintöchter kreischen, weinen bitterlich, jammern, singen schön, sprechen monoton* usw.: »Rheingold, Rheingold, reines Gold . . .«. *Alle anderen antworten einzeln und später zusammen, indem sie betrunken gröhlen, herzlich lachen, schadenfroh lachen, gemein sind, so tun, als gäbe es nichts besonderes* usw.: »Verwünschte Nicker!«
2. *Einer sagt kichernd, bittend, grinsend, beleidigt* usw.: »Du gieriger Gauch gönne mir Gunst!« *Der Angesprochene reagiert darauf:* »Kein Froher soll seiner sich freun!« (u. a.: *verschlafen, freudig erregt*).

5.4. *Die Kleinbürgerhochzeit*

Zur szenischen Vorbereitung des Stückes sollte unbedingt ein gemeinsames, von der Gruppe selbst zubereitetes Essen gehören: das Menü wird gemeinsam zusammengestellt. Es umfaßt Vorspeise, Hauptgericht, Nachtisch: ein typisches Festessen, wie es in jeder gutbürgerlichen Familie serviert wird, sollte es sein. Dem Menüvorschlag Brechts muß man nicht unbedingt folgen. Es werden Gruppen gebildet, die für die einzelnen Gänge, für die Getränke, für die Musik usw. zuständig sind.
Während des Essens können die folgenden Situationen gespielt werden:
1. *Man reicht die frisch gefüllten Teller weiter.* 2. *Getränke werden nachgeschenkt.* 3. *Man probiert verschiedene Sitzordnungen aus.* (Alle drei Übungen mit den dazugehörigen Gesprächen bzw. Zurufen.) 4. *Alle reden durcheinander. Jeder hat sein eigenes Thema.* 5. *Alle reden über das Essen.* 6. *Alle reden über das Trinken.* 7. *Es wird eine Tischrede gehalten.* 8. *Es werden Trinksprüche reihum ausgebracht.* 9. *Einer will etwas erzählen, kommt jedoch nicht zu Wort.* 10. *Einer redet in einem fort, die anderen werden wütend.* 11. *Einer erzählt einen Witz.* 12. *Alle erzählen Witze.* 13. *Alle essen schweigend. Unter dem Tisch findet jedoch eine rege »Konversation« mit Händen und Füßen statt. Es geht dabei um Informationen, Freundschaft, Liebe und Haß.* 14. *Zwei strei-*

ten sich, die anderen versuchen zu schlichten: alle streiten sich. 15. *Es werden Gesellschaftsspiele veranstaltet.* 16. *Alle tanzen* ...

Diese Reihe kann fast beliebig fortgesetzt werden.

Eine gänzlich andere Art von Übungen kann hilfreich sein, eine grundsätzliche Spielweise für das Stück zu finden: Die Darsteller bekommen von einer Probe bis zur nächsten die Aufgabe, sich für die jeweilige Rolle ein Kostüm und eine Maske auszudenken: a) möglichst übertrieben: dicker Bauch oder ein Riesen-Busen, zu kurze Hosenbeine oder ein zu langes Kleid usw.; eine rote Nase, rote Wangen oder ein weißes Gesicht, eine Gretchenfrisur usw.; b) möglichst realistisch: so, wie der Darsteller meint, daß die von ihm zu spielende Figur es sich vorstellt, schön zu sein oder sich wohlzufühlen usw. Ein schönes Kostüm, ein eleganter Anzug, ein bunter Schlips (das Milieu muß berücksichtigt werden!).

Bei der jeweiligen Version überlegt sich nun jeder ein Hochzeitsgeschenk, das er in dem einen oder in dem anderen Kostüm dem Brautpaar bzw. das die Braut dem Bräutigam oder dieser seiner Braut mitbringen würde. Dann wird zweimal improvisiert: *Die Trauzeremonie ist zu Ende. Das Brautpaar kommt nach Hause und beschenkt sich gegenseitig. Nach und nach*, in vorher abzusprechender Reihenfolge, *treffen die anderen ein und überreichen unter Anteilnahme aller ihre Geschenke.*

Das gegensätzliche Ergebnis dieser beiden Improvisationen bietet zwei Möglichkeiten, mit dem Stück weiterzuverfahren.

Textübungen:

1. *Alle sitzen in einer Reihe und versuchen, jeweils einen ganz bestimmten Partner anzusprechen:* »Hier riecht's so gut!« (*genießerisch, spitz, gelangweilt, um jemandem ein Gespräch aufzudrängen* ...), *der Angesprochene reagiert darauf und sagt in entsprechendem Ton mit entsprechender Haltung:* »Finden Sie das unpassend?«

2. *Alle verteilen sich über den Raum, wobei die im Stück zusammengehörenden Figuren engeren Kontakt zueinander*

suchen. Das Spiel läuft dann wie das erste ab: Rede: »Er starb an Rückenmarkschwindsucht.« »Sei nicht roh« *ist die Antwort.*

Alle Möglichkeiten des zwischenmenschlichen Umgangs können mit diesen Sätzen durchgespielt werden: vom zärtlichen Lieswerben bis hin zum brutalen Haßausbruch.

6. *Inszenierungsbeispiele (einzelne Szenen)*

Die nachfolgenden Beschreibungen sind nicht als Inszenierungs*vorschriften* mißzuverstehen: die unmittelbare Übertragung auf andere Verhältnisse ist nur sehr bedingt möglich. Vielmehr soll – wie mit allen anderen Beispielen, die bisher aufgeführt wurden – Mut gemacht werden zum Gebrauch der eigenen Phantasie und zum Wagnis, auch ungewohnte oder gar ungewöhnliche Wege zu gehen.

Im Rahmen von Theaterseminaren habe ich Szenen aus allen hier angeführten Stücken erarbeitet. Ich beziehe mich bei meinen Beschreibungen auf die dabei erzielten Ergebnisse und gewonnenen Erfahrungen. Alle Gruppen haben an allgemeinen und stückbezogenen Übungen vor und während der Arbeit an den Szenen teilgenommen. Als Räumlichkeiten standen keine Bühnen zur Verfügung. Unter den Gruppenteilnehmern befanden sich Angehörige aller Altersstufen mit den verschiedensten Berufen. Inszeniert im strengen Sinn habe ich nie: meine Mitwirkung beschränkte sich auf das Zuschauen, auf Rat in grundsätzlichen Dingen und vorsichtige Motivationsversuche an »toten Punkten«.

6.1. *Maria Stuart*

Die Gesamtgruppe unterteilte ich in drei Gruppen, zwei gleich große und eine kleinere (I, II, III). Aufgrund der Zusammensetzung konnte ich zweimal den Beginn des dritten Aufzugs (»Kampf der Königinnen«) besetzen. Für die

Gruppe III »paßte« der Beginn des Stücks (»Marias Schrank wird durchsucht«). Jede Gruppe sollte nun einen besonderen Akzent setzen: Gruppe I sollte das *Psychodramatische* herausarbeiten, Gruppe II das *Komische* (ohne ins Parodistische zu verfallen), Gruppe III das *Kriminalistische* betonen. Das war die Ausgangssituation.

Alle Räumlichkeiten befanden sich in einer alten Villa. Gruppe I wählte einen langen Flur, von dem verschiedene Türen zu Büros und Unterrichtszimmern führten und an dessen einer Kopfseite man durch eine Glastür in ein Treppenhaus mit Wendeltreppe kam. Die Gruppen II und III wählten sich jeweils einen größeren und einen kleineren ganz normalen Unterrichtsraum.

Version 1: »Psychodrama«. Obwohl die Szene im dritten Aufzug in einem Park spielt, wurde nicht der Versuch unternommen, den langen, fensterlosen Flur in einen Park »umzugestalten«. Er wurde als das genommen, was er ist. Improvisationen und das gemeinsame Textlesen in diesem Raum führten ebenso wie das Gespräch über die psychischen Verhaltensweisen der einzelnen Figuren zu einem eigenwillig-grotesken Konzept: Die (höchstens 20) Zuschauer befinden sich an dem der Glastür gegenüberliegenden Ende des Flurs. Sie befinden sich in einer Nervenheilanstalt und schauen dem Theaterspiel von Patienten zu. Spielleiter ist ein Wärter, der zugleich die Rolle des Paulet verkörpert. Dieses Konzept ist offensichtlich angelehnt an das Stück *Die Verfolgung und Ermordung Jean Paul Marats, dargestellt durch die Schauspielgruppe des Hospizes zu Charenton unter Anleitung des Herrn de Sade* von Peter Weiss. Darin spielen Anstaltsinsassen eine historische Begebenheit aus der Französischen Revolution.

Die Wirkung dieses »*Maria-Stuart*-Spiels« war einerseits komisch, andererseits höchst beklemmend: der Überschwang der Gefühle, das Pathos der Sprache, der Wahnwitz von Machtkämpfen wurden durch diesen Kunstgriff verschärft und waren für die Darsteller gleichzeitig leichter zu sprechen und zu spielen. Zu Beginn trat der Wärter mit einem Schlüsselbund auf, überprüfte den Raum, achtete darauf, daß alle Türen verschlossen waren, öffnete dann die Glastür und rief die Darsteller zum Spielbeginn. »Maria« war eine junge, exaltierte Patientin, die zunächst (als Patientin) durch eine der vielen Türen zu fliehen versuchte. Erst nachdem sie die Vergeblichkeit ihrer Bemühungen akzeptiert hatte, ließ sie sich vom Wärter/Spielleiter ermuntern, den schwärmerischen Schiller-Text von der »neuen Freiheit« zu sprechen. »Hanna Kennedy« war eine völlig menschenscheue, immer ängstliche Frau, ganz auf den Wärter fixiert und ohne ihn und seinen Zuspruch unfähig zu irgendeiner Aktion: sie versuchte ständig, hinter ihm Schutz zu finden. Der »Graf von Shrewsbury«: ein seniler, körperlich zerstörter Patient, immer freundlich und verspielt, vergeßlich, still. Nachdem er die Ankunft der Elisabeth bekanntgegeben hatte, hockte er, von allem unberührt, am Boden, mit dem Rücken an die Wand gelehnt. Elisabeth war somnambul, auf Leicester angewiesen. Wenn sie »lichte Momente« hatte, konnte sie heftig aufbrausen, fiel dann aber gleich wieder in sich zusammen. Ihre Teilnahmslosigkeit verschärfte das wilde Anreden der Maria. Leicester war ein Schizophrener: gespalten in ein Elisabeth-Ich und ein Maria-Ich. Während der großen Auseinandersetzung der Königinnen schminkte sich Elisabeth gedankenverloren und reizte dabei Maria zu höchster, hysterischer Wut, als sie begann, auch Maria mit dem Lippenstift zu bemalen.

Als Kostüme wurden Bademäntel, Nachtgewänder genommen, die durch z. T. selbstgefertigte Requisiten auf die zu spielende Figur hin ergänzt wurden. So trug Elisabeth eine Goldpapier-Krone und ein Schminktäschchen, Leicester war mit Motorrad-Schutzhelm und einem Holzschwert bewaffnet, Maria trug ein Mini-Nachthemd usw.

Bevor sich der einzelne Darsteller mit der Schiller-Rolle befassen konnte, mußte er die Patienten-Rolle für sich festlegen: Kurzbiographie des Patienten und die Art der Krankheit.

Nicht unproblematisch ist die Notwendigkeit, die Anstalt

und die jeweilige Krankheit in Improvisationen genauer zu untersuchen: die psychische Belastung kann für alle Beteiligten sehr groß werden. Man sollte sich auf jeden Fall dabei an das Spielerische halten. Ein Jux darf ebensowenig dabei herauskommen wie ein realistisches Irrenhaus. Das Eingeschlossen-Sein ist das wesentliche Element der Konzeption.

Bei der Erstellung der Textfassung hatte nun jeder Darsteller sein Krankheitsbild im Kopf, alle waren sich der szenischen Grundsituation bewußt. Entsprechend wurde gekürzt und umgestellt.

Die Personen-Arrangements im Flur waren ziemlich schwierig: zu leicht geschah es, daß ein Darsteller den anderen verdeckte, und künstlich »konstruiert« sollte es auch nicht ausschauen. Lösungen waren am leichtesten zu finden, indem man die Darsteller, die gerade in Text und Aktion bestimmend für die Szene waren, auch im szenischen Arrangement in den Vordergrund stellte und sich die anderen Darsteller in ihrem Verhalten danach richteten.

Dieses Konzept ließe sich auf das ganze Stück ausweiten. Theaterraum, Besetzung und Erfahrungen der Mitwirkenden führen jedoch sicherlich zu anderen Akzenten. Zur Vorbereitung eines solchen Projektes sollten Filmbesuche, Diskussionen mit Fachleuten, Lektüre und das Besprechen einschlägiger Bücher gehören. Im Fall dieser *Maria-Stuart*-Version wären Titel wie *März* von Heinar Kipphard und die Spielfilme *Einer flog über das Kuckucksnest* und *Herzkönig* zu nennen.

Für Laienschauspieler positiv wirkt sich die »Einspurigkeit« der zu spielenden Figuren aus. Der Zugang zu Schillers Sprache ist ebenfalls, wie schon erwähnt, einfacher.

Die Schwierigkeiten einer solchen Unternehmung liegen eindeutig in der umfangreichen dramaturgischen und spielerischen Vorbereitung. Das Ergebnis behält zwar Schillers Text bei, läßt jedoch schließlich ein neues Stück entstehen.

Version 2: »Komödie«. Die Tische des Unterrichtsraums wurden so gestellt, daß eine Gasse entstand. Sie konnte eine von Bäumen oder Büschen gesäumte Allee sein oder aber ein Spalier, wie für ein Ritterturnier eingerichtet. Eine zufällig vorhandene Leinwand diente auf der einen Spalier-Seite als Abdeckung vor dem Auftritt, ein Türvorhang auf der anderen Seite. Zunächst war die Gruppe unsicher, gar unglücklich über die Aufgabenstellung: eine Komödie schien allen doch sehr wenig mit Schillers Stück gemein zu haben. Deshalb zielten die ersten Überlegungen und Versuche eindeutig in Richtung einer Parodie. Das bedeutete, daß sich die Darsteller sehr distanziert über die Figuren und ihre Situationen lustig machten. Verlangt war jedoch, Figuren wie Situationen bitterernst zu nehmen. Die Komik konnte sich nur aufgrund von Mißverhältnissen ergeben: etwa dem Kontrast zwischen Schein und tatsächlichem Sein. Dabei kommt es zu einem eher schmerzlichen und weniger zu einem befreienden Lachen, wie wir es zum Beispiel von den Komödien Molières her kennen.

Für die »*Maria Stuart*-Komödie« der Gruppe II wurden die folgenden Charakterisierungen der einzelnen Figuren erfunden: Maria ist kindlich und naiv, dabei nicht nur liebenswert, sondern auch fähig, ein bösartiges Kind zu sein. Die Amme ist schwerhörig, Paulet ist überall und nirgends zu finden und neigt zum Jähzorn. Shrewsbury möchte es allen und jedem recht machen und meint es so gut, daß er die Aggressionen aller (einschließlich der Zuschauer) weckt. Leicester ist bedauernswert: immer wenn er nicht weiterweiß, sich nicht recht entscheiden kann, greift er zur Flasche. Elisabeth schließlich neigt dazu, sich am Leid des Mitmenschen herzlich zu erfreuen. Gegen diese Rollenbeschreibungen wird vielleicht jetzt vom einen oder anderen der Begriff »Parodie« doch wieder angewendet. Ich halte dagegen, daß es zwar komisch sein kann, was die einzelnen Figuren an Besonderheiten zeigen, daß es jedoch nur dann parodistisch wirken wird, wenn der jeweilige Darsteller sich über diese Besonderheiten lustig macht. Nimmt man diese Besonderheiten ernst, ergibt sich eine akzeptable Möglichkeit, *Maria Stuart* zu spielen oder zu lesen.

Bei den Proben wollte oder konnte eine Frau nicht länger am Kurs teilnehmen. Es mußte eine Umbesetzung vorgenommen werden, und eine Rolle blieb offen: die der Hanna Kennedy. Damit weitergeprobt werden konnte, übernahm der Darsteller des Leicester die Aufgabe, diesen Part so lange zu »markieren«, bis eine Lösung gefunden worden war. Die Lösung war dann ziemlich einfach: der Leicester-Darsteller »gab« die Amme so hinreißend, daß man den Ablauf der Szene entsprechend einrichtete und ihn beide Rollen spielen ließ. Als wesentliche Änderung war es nur nötig, beim Auftritt des Shrewsbury einen Grund zu finden, damit sie (er) verschwinden, sich umziehen und wenig später als Leicester wieder auftreten konnte. Dieser Grund ergab sich aus der Schreckhaftigkeit der schwerhörigen Amme. Sicherlich ist dies eine Notlösung gewesen, die man schwerlich auf das ganze Stück hätte übertragen können. Doch zeigt sich, wie aus ganz äußerlichen und pragmatischen Gründen, aus dem Zwang heraus, unter eingeschränkten Möglichkeiten Lösungen zu finden, sich plötzlich farbige Bereicherungen ergeben können.

Außer diesem Einfall waren folgende Lösungen interessant: Maria trat gefesselt auf, pflückte eine Blume, die in dem schmucklosen, fast tristen Unterrichtsraum auf einem der Tische lag, ließ sich dann die Fesseln lösen, nahm den Strick und durchquerte seilspringend den Raum. Dabei begann sie den Text zu sprechen, zu trällern usw. Beim Beschreiben der Wolken und des Fischers mit seinem Nachen öffnete sie eines der Fenster, die auf einen Park hinausgingen, und rief ihre Sehnsucht hinaus. Während des Dialogs Maria–Amme tauchte ein merkwürdig verkleideter Mann auf. Es war der Wächter Paulet, der die Maria nie unbeaufsichtigt lassen wollte. Wenn dann später die beiden Königinnen zwischen dem Tische-Spalier in Rede und Bewegung gegeneinander antraten, folgten außerhalb der Tischreihe – choreographisch streng auf die stilisierten Gänge und Drehungen von Maria und Elisabeth abgestimmt – Paulet und Shrewsbury dem Geschehen. Ihr Verhalten gab gleichzeitig einen Kommentar dessen ab, was zu sehen war. So wollten sie bei besonders heftigen Attacken der jeweils Angegriffenen zu Hilfe kommen. Helfen lassen wollten die Königinnen sich jedoch nicht, und so wirkten die beiden einigermaßen deplaziert und lächerlich. Leicester stand innerhalb des Spaliers, hielt sich krampfhaft an seiner Flasche fest und versuchte durch demonstratives Zeitunglesen völlig unbeteiligt zu erscheinen. Er wurde jedoch von den beiden Damen ständig einbezogen und mußte öfters zur Flasche greifen, als für sein Denkvermögen gut war. Der Kampf endete damit, daß Paulet die Elisabeth und Shrewsbury die Maria zurückhielt. Elisabeth wurde dann kreischend weggetragen, Maria blieb triumphierend zurück.

Die ganze Szene wirkte grell und grotesk, die Figuren waren auf wenige charakteristische Merkmale reduziert und damit auf ähnliche Weise behandelt worden wie bei Version 1. Den Verkrüppelungen geistiger und körperlicher Art bei den einzelnen Figuren nachzugehen oder sie »weiterzudenken« kann ein ungemein spannendes Unterfangen sein – auch bei vielen anderen Stücken.

Dieses an einer einzigen Szene entwickelte Konzept wäre nur mit großer Mühe und einschneidenden Veränderungen auf das ganze Stück übertragbar. Am Beispiel des Endes der Maria wird dies sofort einleuchtend: spätestens beim Monolog des Grafen Leicester müßte die Handlung »einen Knick bekommen« und anders als bei Schiller, vielleicht mit Hilfe eines von den Sternen herabgestiegenen Boten des Himmels, zu einem allgemeinen Happy-End führen.

Version 3: »Kriminalstück«. Die folgende letzte Variante entwickelten zwei junge Frauen und Männer aus den ersten beiden Szenen des Stückes, in denen die Habseligkeiten der Maria nach verdächtigen Briefen oder anderen Papieren durchsucht werden. Der Spielort, ein kleines, fast quadratisches Unterrichtszimmer, wurde so umfunktioniert: Die maximal 15 Zuschauer saßen an der Wand, der Tür gegenüber, und schauten auf einen Tisch, dessen eine Seite von einem (zufällig im Zimmer vorhandenen) Epidiaskop besetzt war. Auf einem anderen Tisch, weiter rechts, stand eine Schreibmaschine, auf einem Podest neben der Tür ein Stuhl. Die Zuschauer saßen eine ganze Weile, bevor plötzlich die Tür aufgerissen, ein junges Mädchen hereingestoßen und von einem Mann im Popelinmantel auf den Stuhl gezwungen wurde, während ein anderer Mann die Tür schloß. Dann löschte auf ein Zeichen des ersten der zweite Mann das Licht im Zimmer, und der Lichtkegel des Epidiaskops wurde auf das Mädchen gerichtet. Es saß geblendet. Der zweite Mann nahm hinter der Schreibmaschine Platz, der erste leerte eine Handtasche aus, und das Verhör begann mit dem von Schiller vorgesehenen Text der ersten Szene.

Die Gruppe III hatte als wesentliche Erfindung die Figur des Paulet in zwei Rollen aufgeteilt: die größere spielte der Mann im Popelinmantel, ein unangenehmer Beamter, der sich nicht scheute, auch brutalere Mittel beim Verhör einzusetzen, in der kleineren wurde ein korrekter, etwas ängstlicher Aufpasser gezeigt, der das Protokoll führte und dem anderen untergeordnet war. Die Texte waren entsprechend gekürzt und auf beide Rollen stimmig verteilt worden. Das junge Dienstmädchen Hanna Kennedy war aggressiv, akzeptierte nie die Autorität der Beamten, ließ sich nur mit massivem Druck einschüchtern. Während das Dienstmädchen verhört wurde, schickte der Beamte im Popelinmantel seinen Kollegen hinaus. Wenig später kehrte dieser mit Maria zurück: einer sehr selbstbewußten, damenhaften, auf Distanz bedachten Königin. Selbst als sie anstelle der Kennedy auf den Platz im Lichtkegel gebeten wurde (der Lichtkegel war übrigens die einzige Lichtquelle), versuchte sie Souveränität zu bewahren. Daß sie dennoch nervös war, konnte man nur am Spiel ihrer Hände ablesen. Die Beamten verhielten sich ihr gegenüber entschieden höflicher als gegenüber dem Dienstmädchen. Das unangenehme Verhalten des ersten Beamten wurde jedoch – versteckt – beibehalten.

Die ganze Szene war gekennzeichnet von langen Pausen, vielen Blickwechseln (zwischen den Beamten, der Maria und der

Amme und »über Kreuz«). Der Textumfang war mehr als halbiert worden. Man fühlte sich weniger in einen Krimi versetzt, man war an Szenen von Franz Kafka erinnert und sah eher in das Büro der Geheimpolizei eines totalitären Staates als in ein Polizeipräsidium hierzulande.

Wie bei Version 2 waren auch hier heutige Kostüme gewählt worden, ohne daß dies auch nur einen Augenblick unpassend gewirkt hätte.

6.2. *Das Rheingold*

Für die Erarbeitung der vierten Szene von Wagners *Rheingold* war ein vergleichbarer Schauplatz (eine alte Villa) und eine vergleichbare Zusammensetzung der Gruppe wie im vorigen Beispiel gegeben (nur die Altersspanne war etwas größer). Auch aus dieser Gesamtgruppe bildete ich – diesmal zwei – Untergruppen. Die je zehn Damen und Herren waren einigermaßen willkürlich zusammengebracht worden. Da es mehr weibliche als männliche Teilnehmer gab, war von vornherein klar, daß Männerrollen auch von Frauen gespielt werden mußten. Dieses Mal stellte ich keine eingrenzende Aufgabe und ließ die Gruppen selbständig die Besetzungen finden und eine Textfassung erarbeiten. Entscheidend für die jeweilige Konzeption war die Wahl der Räumlichkeiten: Gruppe I spielte in der Eingangshalle der Villa. Es gab dort eine geschwungene Treppe, die in das Obergeschoß führte, und verschiedene Türen mit der Möglichkeit, zu der einen Tür hinausgehen und zu einer anderen wieder hereinkommen zu können. Unter der Treppe war eine einsehbare Nische. Gruppe II wählte einen recht großen Übungs- und Unterrichtsraum mit einer Wandtafel. Der Raum wurde gänzlich geräumt und in eine Bühnen- und eine Zuschauerfläche unterteilt.

Version 1: Die Eingangshalle, die aus der Zeit Wagners hätte stammen können, wurde für das Spiel vollkommen genutzt. Es wurde festgelegt, welche Tür zu welcher Räumlichkeit führt, wer welches Zimmer bewohnt, die Glastür zum Eßzimmer wurde als solche benutzt, dahinter war ein Getränkewagen (= Bar) aufgebaut. Wotan und seine Götter waren offensichtlich Großbürger, die Riesen Arbeiter. – Als ich dann das Ergebnis und die Kostüme sah, war ich überrascht. Die Gruppe trieb Mummenschanz. Man hatte den Eindruck, die Großbürger-Familie verkleide sich zur Fastnacht, um in der Eingangshalle ihrer Villa mit Vergnügen ein Stück von Richard Wagner aufzuführen.

Wotan und seine Gemahlin (beide von Frauen gespielt) hatten sich ebenso wie die anderen Götter in phantastische weiße bzw. farbige Gewänder und Tücher gehüllt und bunt bemalt. Sie kamen eher vom griechischen Olymp als aus dem düsteren germanischen Götterhimmel. Bei Loge herrschte die Farbe rot und ein mephistophelisches Äußeres vor (Gründgens lugte um die Ecke). Die Riesen schienen geradewegs vom Schwarzwald heruntergekommen zu sein. Sie glichen Köhlern mit schwarzen Gesichtern, in die sie ihre Hüte tief heruntergezogen hatten. Ihre groben, von Stricken zusammengehaltenen Gewänder bestanden aus braunem Rupfen. Alberich war offensichtlich gerade dem Wasser entstiegen, denn er trug das Gummizeug eines Seemanns (der Grund: der Darsteller war bis vor kurzer Zeit tatsächlich zur See gefahren und hatte die Kleidung bereit). Erda schließlich saß die ganze Zeit über strickend in der Nische. Sie war in dunkle Tücher gehüllt und mit einem Netz überzogen. Die Göttin der Jugend, Freia, war in ein durchscheinendes Tuch gehüllt.

Einige szenische Lösungen: Wotan und Loge schleppten den gräßlich mit schweren Ketten gefesselten Alberich von draußen (von der Straße) in die Halle herein und warfen ihn zu Boden. Dann gingen sie zur Hausbar, schenkten sich einen Drink ein und begannen, sich über den Zwerg lustig zu machen. – Alle nicht an dieser Szene beteiligten Spieler verkörperten beim Befehl Alberichs die Nibelungen und schleppten kriechend goldene Kartons herein, die sie vor Erda ablegten. – Die Riesen Fasolt und Fafner kamen aus dem oberen Stockwerk die Treppe herunter, wobei der (von einem Mädchen

125

gespielte) Fasolt vor Verliebtheit kaum normal gehen konnte und ständig zu stürzen drohte. Bei ihrem Auftreten tauchten, wie herbeigezaubert, die anderen Götter aus ihren Zimmern auf, um die Rückkehr von Freia zu feiern. – Als Wotan sich weigerte, den Ring herauszugeben, kam es zu einem handgreiflichen Familienstreit, den erst die zu aller Entsetzen aus ihrer Nische auftauchende Erda schlichtete. – Nach der Ermordung Fasolts inszenierten Donner und Froh den Gewitterzauber so: Froh, der Dichter, hatte die Idee, dem bei Wagner Donner zugewiesenen Text diesem *vorzusagen*, d. h., er dichtete ihn im Augenblick. Dabei schritten beide feierlich die Treppe hinauf. Für die Zuschauer und die anderen Mitwirkenden unsichtbar veranstalteten die beiden im ersten Stock ein »Gewitter«, das in der Halle die Lampen schaukeln und die Gläser klirren ließ. Nach ihrer Rückkehr schritten nun alle Götter die Treppe hinauf in die neu eingerichteten Gemächer. Nur Erda und die Leiche Fasolts blieben zurück. Erda beklagte den Raub des Goldes (Text der Rheintöchter), und Alberich schaute böse um die Ecke.

Version 2: Die Räumlichkeit der anderen Gruppe bedeutete praktisch das Gegenteil: es war die leere Bühne. Gegenteilig war dann auch die Kostümierung. Hatten die ersten Phantasiekleidung gewählt, so blieben die anderen sehr konkret und realistisch: Wotan trug einen Frack und einen Zylinder, seine Gemahlin ein elegantes, kniekurzes Kleid und einen Hut: eine damenhafte Erscheinung aus den fünfziger Jahren; sie schien ihrem Gatten sehr ergeben und außerdem häuslich veranlagt zu sein. Donner war ganz in Schwarz gekleidet, ein mächtiger, grobschlächtiger, etwas begriffsstutziger Kerl. Froh hatte eine entfernte Ähnlichkeit mit Wagner und seiner Künstlergarderobe und malte. Loge trug eine feuerrote Perücke mit abstehenden Haaren, ansonsten Cord-Jeans, Rollkragenpullover und eine Intellektuellenbrille. Die Riesen (zwei Damen) hatten zu große Herrenanzüge an, die sie an Schultern und Bauch mächtig ausstopften. Das proletarische Aussehen unterstrichen sie durch zwei Schlägermützen. Außerdem

sprachen sie den Wagner-Text in schwäbischem und kölnischem Dialekt. Freia war ein entzückendes kleines Mädchen, Erda eine würdige alte Dame in elegantem Abendkleid mit abenteuerlichem Hut. Alberich schließlich ähnelte einem Faschings-Seeräuber und fiel so »etwas aus dem Rahmen«.
Bemerkenswerte szenische Lösungen: Während des ganzen Anfangs waren alle beteiligten Personen in dem großen Bühnenraum zu sehen: die beiden Riesen standen an der Wandtafel und zeichneten mit farbiger Kreide eine wunderschöne Burg Walhall. Daneben saß Freia am Boden und hörte Wagner-Musik, die ab und zu lauter und so erkennbar wurde, aus einem Kassetten-Recorder. Donner brütete still vor sich hin, der musische Froh malte an einer Staffelei. Fricka putzte alles, was sie erreichen konnte. Erda saß während der ganzen Szene in der ersten Reihe des Publikums und betrat nur zu ihrer Weissagung feierlich die Szene. Vor dieser »Kulisse« spielte der ganze Anfang der Szene zwischen Alberich, Wotan und Loge. – Auf den Befehl Alberichs an seine Nibelungen, das Gold herbeizuschaffen, betätigte Alberich selbst eine lange Schnur und zog die daran befestigten Kisten mit Gold, die bislang nicht sichtbar gewesen waren, durch die geöffnete Tür nach vorne. – Nach dem Riesen-Mord zog Fafner nicht nur die Kisten mit Gold durch die Tür hinaus, sondern zugleich den toten Fasolt. – Auch hier »dichtete« nicht Donner das Gewitter herbei, sondern Froh, wobei er sich sehr schwer tat und Mühe hatte, die Verse zu finden. Währenddessen betätigte Donner einen kleinen Tischgong, ohne daß dies jedoch sonderlichen Eindruck auf die anderen Anwesenden machte. – Der Einzug in Walhall geschah fast zeitlupenhaft, da der Weg zur Wandtafel recht kurz war. Auch dabei tönte wieder Wagner-Musik aus dem Kassetten-Recorder.
Beide Versionen hatten stark karikierende, parodistische Züge. Zwar wurde das Inhaltliche sehr genau dargestellt und an einigen Stellen gar Gesellschaftkritisches angedeutet, doch dominierten die märchenhaften und phantastischen Elemente im Spiel und vor allem ein schier grenzenloser Spaß voller Übertreibungen: (fast) alles war erlaubt.

6.3. *Die schlimmen Buben in der Schule*

Bei diesem Stück habe ich nur eine einzige von einer Gruppe geprobte Version zweier Szenen kennengelernt. Ich beschränke mich deshalb darauf, aus ihnen einige Schwerpunkte wiederzugeben. Ergänzend füge ich einige unterschiedliche Darstellungsmöglichkeiten eines kurzen Abschnitts hinzu.

Zur Aufgabe gestellt waren die neunte und zehnte Szene.

Der Zuschauer sah »von der Wandtafel aus« in das Klassenzimmer, d. h., die Schülerpulte waren in zwei Reihen so angeordnet, daß an jedem Pult jeweils ein Schüler saß. Sie alle schauten in das Publikum. Das Lehrerpult hingegen, vorne links, stand etwas schräg. Dadurch konnte der Zuschauer den am Pult sitzenden Lehrer zumindest im Halbprofil sehen. Der Lehrer hatte für seine Spielaktionen die Möglichkeit, die Schüler besser zu beobachten, als es in einer frontalen Situation denkbar gewesen wäre.

Der Beschreibung des Szenenbeginns muß eine Erklärung vorausgeschickt werden: Bei Nestroy bleibt der Lehrer Wampl auf der Bühne und bittet seine Tochter, ihm einen Kaffee zu bringen. In unserer Version ließen wir den Lehrer mit seinem Töchterchen die Bühne verlassen, um den Kaffee in einem anderen Zimmer einzunehmen. Der Auftritt der Schüler bekam so mehr Gewicht und Spielraum. Als weitere szenische Hilfe wurde festgelegt, daß Wampl aus seinem Arbeitszimmer Bücher und Hefte herbeiholen wollte.

Die Bühne war also eine Weile leer. Dann hörte man hinter der Tür den Befehl »1, 2, 3«, und die Knaben begannen, das im Text wiedergegebene Lied zu singen. Die Melodie dazu läßt sich übrigens aufgrund der genauen Quellenangabe (Vielka-Marsch aus der Meyerbeer-Oper *Das Feldlager in Schlesien*) unschwer herausfinden. Ebenso ist es aber auch denk- und vertretbar, daß die Gruppe selbst eine einfache Marschmelodie erfindet. Dies geschah in unserem Fall. Das Lied begann, und der Aufseher Franz öffnete die Tür. Er marschierte an der Spitze der in Zweier-Reihen angetretenen

Knaben und war ganz mit dem Dirigieren und Singen beschäftigt. Deshalb bemerkte er nicht, daß die Knaben nur Unsinn machten: sie stellten sich gegenseitig das Bein, schnitten Grimassen zu Franz hin. Ihr Verhalten stand in großem Kontrast zur Musik wie zum Text des Liedes. Sie marschierten und sangen so lange, bis Franz vor der ersten Bankreihe angelangt war und die Schüler neben ihren Plätzen standen. – Diesen Weg kann man in seiner Länge bequem einrichten, indem vor der Tür länger oder kürzer gesungen wird.

Nach den letzten Worten brach ein unglaublicher Schrei los, und die Disziplin, die bislang noch mühsam gewahrt worden war, löste sich völlig auf: über Tische und Bänke steigend und sich prügelnd, ignorierten die Knaben den hilflosen Franz. In dieses allgemeine Getöse fielen die Sätze des Szenenanfangs bis zu Peter Petersils »Oi«. Dann rief Franz den (nicht im Stück vorgesehenen) Text »Herr Wampl«, ohne dadurch die Aufmerksamkeit der Schüler zurückzugewinnen. Doch der Darsteller des Magisters Wampl hatte sein Auftrittsstichwort erhalten. Wampl trat nun ein. Unter seinem Arm und in der Hand hatte er die schon erwähnten Spielrequisiten (Bücher, Hefte, das Frühstücksbrot, vielleicht sogar eine Tasse Kaffee). Er ist ein im Grunde liebenswerter, zerstreuter alter Herr. Während er durch den Mittelgang zwischen den Schülern hindurch nach vorne kam, verlor er ein Buch, er bückte sich, hob es auf und verlor dabei Hefte . . .

Alle diese Vorgänge (eine richtige Clownsnummer) wurden von den Schülern mit großem Wohlgefallen aufgenommen und kommentiert. Dahinein sagte der verzweifelte Wampl, daß die Herren Jünglinge sich ordentlich hinsetzen sollten. Doch der Tumult ging weiter. – Wichtig ist gerade bei diesen Gruppen- und Tumultszenen, daß nichts dem Zufall überlassen bleibt und alles (nach mehreren Improvisationen) festgelegt wird. Aktionen und Sätze müssen dabei so aufeinander abgestimmt werden, daß die wichtigen Text- und Handlungsinformationen nicht untergehen. Ein Prinzip dabei ist, daß die Konzentration der Darsteller auf bestimmte Vorgänge ausgerichtet wird. Wenn Wampl also auftritt, richtet sich das gesamte Interesse der Schüler auf ihn. Jeglicher Unsinn, alle Reaktionen beziehen sich auf seine unglückliche Figur. Damit wird gleichzeitig erreicht, daß sich auch die Aufmerksamkeit des Zuschauers der Hauptfigur zuwendet. Ebenso und nach dem gleichen Prinzip läßt sich natürlich die Aufmerksamkeit des Zuschauers von der scheinbaren Hauptsächlichkeit zu einer Nebensächlichkeit hinlenken. Als Hilfe für Wampl wie für die Schüler und Franz erwiesen sich die Spielrequisiten: Die Schüler hatten neben ihren Schulsachen Obst, Brote, Wurfgeschosse, Schleudern, Papierschwalben usw. Franz benutzte einen Zeigestock als Dirigentenstab und hatte so etwas, an dem er sich in seiner Not ständig festhalten konnte. Des Lehrers Requisiten wurden bereits genannt. – Bei der Erarbeitung der Szene erinnerte sich ein Gruppenmitglied an den Film *Die Feuerzangenbowle* (der bei der Vorbereitung der *Schlimmen Buben* sicherlich nützlich sein kann). Ohne Skrupel wurde ein Einfall übernommen und eingebaut: Lehrer Wampl setzte sich an sein Pult, zog die Straßenschuhe aus und Hausschuhe an. Wenig später war einer der Schuhe verschwunden. Solche geistigen »Diebstähle« sollten in dem Fall, daß das jeweilige »Diebesgut« sich zwingend benutzen läßt, ohne Kopfzerbrechen begangen werden. Diese Aktion wurde bei der Namensverlesung der Schüler eingebaut und später weitergeführt. Wenn Wampl seinen Platz eingenommen hatte, zog sich Franz in den entgegengesetzten Winkel des Klassenzimmers zurück, um von dort aus die Schüler zu beaufsichtigen. Er hatte dabei manchmal etwas von einem Papagei an sich, wenn er einen Satz des Magisters wiederholte und zur Bekräftigung den Stock auf den Boden stieß.

Zu Beginn der zehnten Szene platzte respekt- und formlos die Mutter des schlimmsten Buben Willibald herein. Frau Schnabel zog ihren Sprößling hinter sich her, und das Leid des Schulmeisters wurde unermeßlich. Er suchte seine Schuhe und konnte sie, wie beschrieben, nicht finden. Dadurch fühlte er sich Frau Schnabel gegenüber noch mehr ausgeliefert. Kennzeichnend für den nun folgenden Teil der Szene ist, daß die übrigen Schüler immer mehr in den Hintergrund rükken. Ihre Aktionen werden sparsamer, sie kommentieren zwar noch und ergreifen Partei, sind jedoch voller Respekt gegenüber Frau Schnabel. Dadurch wird erreicht, daß sich alle Aufmerksamkeit nur auf die Auseinandersetzung zwischen Schulmeister, Frau Schnabel und Willibald richtet. Durch die Schülerreaktionen sollten allein die Respektlosigkeiten Willibalds verstärkt werden.

Für diese beiden Szenen wurden die Texte stark gekürzt. So wurde der erste lange Monolog des Willibald (»Die Weltgeschichte teilt man ein . . .«) ganz weggelassen.

Andere Möglichkeiten, den Anfang der neunten Szene zu spielen

Wie bei Nestroy vorgesehen, bleibt Wampl nach dem Abgang seiner Tochter allein im Klassenzimmer zurück. Er begibt sich an sein Pult, setzt sich aufseufzend nieder und nickt ein. Wenig später sieht man, wie die Klassentür vorsichtig geöffnet wird, ein Schüler blickt herein, sieht den schlafenden Wampl und verschwindet wieder. Dann schleichen sich nach und nach alle Schüler herein (ohne Franz) und umstellen leise den schlafenden Lehrer. Auf ein Zeichen beginnen sie das Lied mehr zu brüllen als zu singen, so daß der Lehrer fast vom Stuhl fällt, gleichzeitig stürzt der völlig verstörte Franz herein.

Eine weitere Möglichkeit setzt einen anderen Szenenübergang voraus: Nestroy hat sein Stück so aufgebaut, daß die Handlung ohne Unterbrechung in einem einzigen Raum spielend abläuft. Wie beim Übergang von Szene acht auf neun ergeben sich jedoch im Stück einige Einschnitte an Stellen, wo etwas Neues beginnt. Ohne daß eine grundsätzliche Veränderung des Stückes vorgenommen werden müßte, könnten diese Einschnitte herausgehoben werden: indem am Ende der vorhergehenden Szene wie bei einer Filmblende das Licht weggenommen und nach einiger Zeit zum Beginn der nachfolgenden Szene wieder hereingegeben wird. Die dadurch entstehenden Szenenblöcke werden durch solches Vorgehen deutlicher herausgehoben, und es ergibt sich eine stärkere

Pointierung und ein größerer Freiraum im Ausgestalten der einzelnen Szenen.

Übertrage ich nun diese Möglichkeit auf unseren Szenen-übergang von Szene acht auf neun, so ist folgende Lösung denkbar. Im Dunkeln treten die Schüler rasch auf und bilden vorne einen Halbkreis, in dessen Mitte, mit dem Rücken zum Publikum, Franz steht. Nun beginnt Franz mit den Schülern das Lied für die Schulvisitation zu üben: indem er einzelne singen, marschieren, alle gemeinsam wiederholen läßt. Dann setzt der Dialog aus dieser Situation heraus ein. Lehrer Wampl sitzt entweder daneben oder übernimmt den Part von Franz oder kommt später hinzu.

6.4. Zusammenfassung

Diese Inszenierungsbeispiele sind nicht in Ausführlichkeit beschrieben worden, um »nachinszeniert« zu werden. Das würde in der Regel auch nicht gelingen. Alle Konzepte sind nicht am Schreibtisch entstanden und »ausgedacht« worden, sondern haben sich bei den Proben entwickelt. Und so hat alles immer mit den jeweiligen Darstellern, ihren Eigenschaften und Fähigkeiten, und den jeweiligen Räumlichkeiten zu tun. Wenn vielleicht beim Lesen dennoch einiges »ausgedacht« wirkt, wenn etwa bei den *Maria-Stuart*-Versionen der Eindruck entstehen kann, daß dem Schiller-Text etwas ihm Fremdes »übergestülpt« wurde, so ist dies allein darauf zurückzuführen, daß die bloße Beschreibung einen anderen, zwangsläufig abstrakten Eindruck vermittelt als das unmittelbare Erleben einer Aufführung oder Probe. Der Eindruck, daß eine szenische Interpretation *neben* der Stückvorlage stattfindet, kann dann entstehen, wenn die Kluft zwischen dem Text und der Darstellungsweise für die Phantasie der meisten Zuschauer unüberbrückbar wird. Je genauer die Theatersituationen und Spielweisen im Text begründet bleiben, um so geringer wird die Gefahr, daß der Zuschauer die Aufführung nicht nachvollziehen kann. Das schließt nicht aus, daß man immer um einen Teil des Publikums kämpfen muß, um diejenigen, die »wissen«, wie ein Aufführungsstil, ein Bühnenbild oder ein Kostüm auszusehen hat, weil sie es vor zwanzig Jahren im Theater oder auch im Film so gesehen oder beim Lesen aufgrund ihrer Kenntnisse und Erfahrungen ein festes Bild von einem Stück in ihrer Vorstellung geformt haben. Und diese festgefügten Vorstellungen, »wie etwas zu sein hat«, bestimmen häufig auch die Laientheaterarbeit. Die Inszenierungsbeispiele sollten solche Vorstellungen in Frage stellen und konkrete Anregung sein, andere Wege auszuprobieren: nicht die beschriebenen Szenen nachzuspielen, sondern mit Hilfe der beschriebenen Arbeitsweisen eigene Lösungen zu erfinden.

7. Wenige grundsätzliche Anmerkungen zum Freilichttheater

Bei einer Laientheateraufführung sah ich vor einigen Jahren ein Stück vor einer wunderschönen Naturkulisse: eine Schloßruine mit Fenstern, Balkonen, Türmchen, Treppen, Winkeln, ein wild wucherndes Eckchen Wald … Doch in diese »Dekoration« hinein hatten die Verantwortlichen eine Bühne mauern lassen und einen Zuschauerraum fest installiert. Und auf der Bühne wurden dann die einzelnen Schauplätze des Stücks durch mühevoll hergestellte Dekorationsteile angedeutet.

Als ich meine erste Freilichttheaterinszenierung mit Laiendarstellern in der Zürcher Altstadt vorbereitete, zeigten mir die Veranstalter bei einer Ortsbesichtigung den für die Aufführung von ihnen vorgesehenen Platz: vor dem Portal einer Kirche wollte man ein Bühnengerüst aufstellen, die Zuschauer sollten gegenüber auf einer Tribüne plaziert werden. Zu diesem Kirchenvorplatz führte eine breite Treppe hinauf. Unterhalb dieser Treppe befand sich ein ca. 50×40 m großer Platz mit einer alten Linde in der Mitte, einem Brunnen und umsäumt von alten, sehr schönen Bürgerhäusern mit Geschäften. Vier Gassen mündeten auf diesen Platz, in einer sah man ein Wirtshaus. Vor dieser Kulisse, die mit nur wenigen Dekorationsteilen verändert wurde, fand dann das Stück (ein Zürcher Spektakel aus dem 16. Jahrhundert) statt. Die Zuschauer saßen auf den mit Kissen belegten Treppen, die Darsteller bevölkerten den Platz, Kostüme, Musik und Licht kamen noch hinzu.

Im Fall unserer Schloßruine hätte der flexible Umgang mit den von Inszenierung zu Inszenierung unterschiedlichen »natürlichen« Schauplätzen eine jeweils andere Plazierung der Zuschauer zur Folge gehabt. So hätte eine Inszenierung vielleicht 500, eine andere nur 100 Zuschauer haben können.

Auch in viel kleinerem Rahmen lassen sich im übrigen geeignete Natur-Dekorationen finden: in jeder Stadt gibt es Parks, Häuserwinkel, Plätze, Innen-, Hinter- und Schulhöfe, stillgelegte Fabriken oder ähnliche Gelände. Ob man sich nun von einem Stück zu einem Schauplatz inspirieren läßt oder umgekehrt: die Anregungen können in jedem Fall außerordentlich sein. Das Suchen und Kennenlernen solcher Spielorte, das Ausprobieren, Überlegungen, wo und wie etwa Zuschauer untergebracht werden können: all dies kann Erfahrungen vermitteln, die auch für das Theaterspielen in geschlossenen Räumen hilfreich und wichtig sind.

Zur Stückwahl ist zu sagen, daß alle die in Frage kommen, deren Dramaturgie und Handlung nicht zwingend Innenräume vorschreibt (wie etwa *Maria Stuart*). Manche Stücke lassen sich für Außensituationen bearbeiten (einige der Molière-Komödien zum Beispiel). Ein Dialog von Fenster zu Fenster etwa kann gut für eine Innenraum-Szene stehen. Da die sprachlichen, mimischen und gestischen Mittel beim Freilichttheater in der Regel wesentlich gröber sein müssen als bei Aufführungen in geschlossenen Räumen, eignet sich eine deftige Komödie oder ein Mundartstück sicher besser als ein Konversationsstück à la Curt Goetz. Subtile Dialoge sind kaum möglich, zumal von elektronischer Verstärkung abzuraten ist: sie nimmt der Aufführung viel an Direktheit und atmosphärischer Wirkung.

Praktisch kennenlernen kann man diese Vorschläge, wenn man mit einer Theatergruppe den Versuch unternimmt, an einem Samstagvormittag in einer Einkaufsstraße die Aufmerksamkeit der Passanten auf eine kleine Theateraufführung zu lenken.

Zur Vorbereitung des Theaterspielens unter freiem Himmel sollten in verstärktem Maße und besonders akzentuiert die in diesem Band beschriebenen Übungen genutzt werden.

8. Hilfsmittel

8.1. Kostüm

Fragt man einen Laienschauspieler nach dem Grund, warum er gerne Theater spielt, so ist es fast immer die Lust, in eine andere Rolle schlüpfen und sich verwandeln zu können. Je ausgefallener, älter und näher am Original eine solche Verkleidung ist, um so mehr Spaß bereitet es. Und in der Tat ist die Kostümierung ein ganz wesentlicher Vorgang beim Theaterspielen.

Für manche Spielleiter ist das Kostüm ein wichtiges Mittel, um vergangene Zeiten darzustellen: sobald es um Stücke von Schiller, Molière oder anderer älterer Autoren geht, müssen gepuderte Perücken und Ludwig XIV.-Kostüme beschafft werden. Der höchst problematische Begriff der »Werktreue« und oftmals auch der Ehrgeiz, es den Berufstheatern gleichzutun, beeinflussen diese Bemühungen zusätzlich. Wenn man das Glück und eine kundige und willige Schneiderin im Umfeld der Theatergruppe hat, lassen sich solche Wünsche mit viel Zeit- und Geldaufwand auch befriedigend realisieren. Geld ist ebenfalls notwendig, wenn man einen Kostümverleih in Anspruch nimmt. Und verschiedentlich ist auch ein ortsnahes Stadttheater schon helfend eingesprungen. Nur: im allgemeinen läßt sich die Wirkung einer teuren professionellen

Theater-, Opern- oder gar Fernseh-/Filmausstattung nicht annähernd erreichen. Ja, der Eindruck des Dilettantismus wird so häufig eher verstärkt als gemindert. Der Reiz, die großen Qualitäten des Laientheaters liegen auch auf diesem Gebiet nicht in der Nachahmung des Berufstheaters. Warum kann man hier nicht ähnliche Wege beschreiten, wie sie an anderen Stellen dieses Bandes bereits beschrieben wurden: indem man auch bei der Kostümgestaltung von der jeweiligen Theatergruppe mit all ihren Vorstellungen und Möglichkeiten ausgeht.

Um die Möglichkeiten der Kostümierung ausschöpfen zu können, muß man sich zweier Gesichtspunkte bewußt sein: 1. dient ein Kostüm als Hilfsmittel, dem Zuschauer eine Bühnenfigur, einen szenischen und/oder historischen Zusammenhang zu verdeutlichen, 2. soll es den Darsteller bei der Gestaltung seiner Rolle unterstützen. Sieht also der Zuschauer auf der Bühne einen Mann, der in ein Bettlaken gehüllt ist, Sandalen an den Füßen und einen Lorbeerkranz auf dem Haupt trägt, so ist dies ein unübersehbarer Hinweis auf die Zeit, in der das Stück spielen soll. Eine dunkle Brille erklärt die szenische Situation, daß ein Blinder sich auf der Bühne bewegt, und gibt zugleich konkrete spielerische Hilfen für den Darsteller. Welche Bedeutung die Kostümierung für die Spielmöglichkeiten haben kann, zeigen die folgenden Beispiele: Eine Frau bewegt sich in einem weiten langen Kleid anders als in einem kniekurzen engen, sie geht in Cordhosen und barfuß anders als in Jeans und mit hochhackigen Stiefeln; ein Mann mit Zylinder fühlt sich anders als einer mit Baskenmütze, trägt er gar kurze Hosen auf der Bühne, ist die erste Reaktion gewöhnlich, daß er aus lauter Verlegenheit albern wird usw.

Aus zwei gegensätzlichen Blickwinkeln möchte ich am Beispiel von Figuren aus Goethes *Urfaust* einige exemplarische Anregungen geben.

Faust, Gretchen und Mephisto erhalten Kostüme unter der Voraussetzung, daß diese hauptsächlich die jeweilige szenische Situation verdeutlichen sollen. Dabei muß keine Rücksicht auf historische Zusammenhänge genommen werden (*Faust* ist schließlich ein »zeitloses« Stück).

Um bei der Vielzahl von zum Teil ganz kurzen Szenen eine schnelle Verwandlung der Figuren zu ermöglichen, ist ein Grundkostüm notwendig. Als immer gleiches Grundkostüm wäre für Mephisto denkbar: eine schwarze, lange Lederhose, ein kragenloses, schwarzes Hemd (oder ein Pullover), schwarze Schuhe. Ergänzt durch eine farbige Feder, eine Gesichtsmaske, wäre diese »Grundausstattung« der Figur höchst wirkungsvoll.

Bei Faust wäre der Brillen- und Cordhosen-tragende Intellektuelle ebenso vorstellbar wie ein altmodischer, pedantischer Professor mit Zwicker und Gehrock. Für das Gretchen sind den Kleiderwünschen der jeweiligen Darstellerin keine Grenzen gesetzt: vom Petticoat-Girl bis zum Trachten-Mädchen reichen die Möglichkeiten. Hauptsache ist dabei eigentlich nur, daß verstehbar wird, warum Faust derart entflammt.

Diese Grundkostümierung verändert sich nun im Laufe des Stückes, wird den Akzenten der einzelnen Szenen angepaßt.

Bei der Faust-Figur wäre die folgende Interpretation denkbar: Er beginnt sich äußerlich zu verändern, nachdem er Gretchen erblickt hat. Dann wird unser pedantisch-altmodischer Professor locker: er wählt eine farbig-grelle Krawatte, steckt sich eine Blume an, kämmt seine Haare weniger streng, besorgt sich vielleicht gar einen Strohhut, wechselt den Gehrock gegen eine bequeme Jacke und später gar gegen ein offenes Hemd. Haben wir uns für ein Trachten-Mädchen-Gretchen entschieden, paßt sich Faust dem an und schmückt sich mit Lodenjacke und keckem Hütchen. Fast entgegengesetzt entwickelt sich der Cordhosen-tragende Intellektuelle. Aus ihm wird der sich modisch-elegant kleidende Galan, der um das Kleinbürgermädchen wirbt: seine Frisur wird gepflegter, er trägt andere Schuhe, einen Rollkragenpullover usw. Bei Gretchen geschieht Vergleichbares: Kaum hat sie Faust kennengelernt, als sie auch schon ihr Äußeres vorteilhafter zu gestalten beginnt. Sie legt Rouge auf die Wangen, benutzt Lippenstift usw. Sobald ihre Beziehung zu Faust jedoch ins kritische Stadium kommt, vernachlässigt sie sich immer mehr, im Kerker schließlich sind dann Schminke, Frisur und Kostüm in völliger Auflösung begriffen.

Die Kostümierung des Mephistopheles bietet den größten Spielraum. Für fast jede Szene läßt sich eine neue Kostümzutat finden, die die Situation und die anderen Figuren kommentiert. In der Studentenszene zu Beginn verkleidet er sich als Faust: indem er charakteristische Teile des Faust-Kostüms übertreibt. Bei unseren beiden Faust-Versionen könnte das durch eine Brille mit übertrieben dicken Brillengläsern oder einen Gehrock, der mehrere Nummern zu groß ist, geschehen. In Auerbachs Keller übertreibt er (in Anlehnung an die Kostüme von Frosch und Co.) den »alternativen« oder den spießigen Gesichtspunkt: indem er ein übertrieben großes, violettfarbenes Tuch um den Hals bindet und sich mit Kettchen behängt oder Schärpe und Hütchen von Burschenschaftlern anzieht. Wird Mephisto später zum Kuppler, so hat er ständig Blumensträuße bereit, und in der Valentin-Szene verwandelt er sich in einen Rocker. Diese Reihe von Kostümierungsmöglichkeiten läßt sich nun fortspinnen. Es sind Möglichkeiten. Bei der Realisierung bleibt entscheidend, was mit dem Stück und seinen Figuren beabsichtigt ist und welches die Vorstellungen der Mitwirkenden sind. Und allein von diesen Gesichtspunkten ist die Kostümierung letztlich abhängig. Die aufgeführten Beispiele gehen von der Konzeption aus, durch realistische Einzelteile die bürgerliche Welt zu beschreiben. Und hinzu kommt, daß alle Kostüme ohne allzu großen Aufwand herzurichten sind.

Doch was soll geschehen, wenn eine Laientheatergruppe ein Stück in historischen Kostümen spielen will, den *Urfaust* also im Mittelalter? Nun ist das Mittelalter eine ziemlich lange Zeitspanne, und wie ein mittelalterliches Kleidungsstück aussah, muß in einem solchen Fall erst einmal untersucht werden. In jeder Stadtbücherei gibt es zahlreiche Bildbände, die einem da Anschauungsmaterial liefern. Solche Kostüme nach diesen Vorbildern selbst zu schneidern dürfte jedoch die Möglichkeiten der meisten Laientheatergruppen übersteigen. In diesem Fall schlage ich vor: nicht krampfhaft ein *historisches* Mittelalter nachzuahmen, sondern in der Gruppe mit den verfügbaren Materialien und Fähigkeiten ein *phantastisches* Mittelalter zu erfinden. Und diese Verfahrensweise läßt sich auf alle Stücke und alle Epochen übertragen. Für unseren *Urfaust* würde das bedeuten: Faust trägt zu Beginn einen gewaltigen schwarzen Umhang, der über den Boden nachschleppt (dadurch wird es dem Faust-Darsteller gleichzeitig erleichtert, einen gebeugten, resignierenden Mann zu spielen), einen Papp-Doktorhut und eine ebensolche Brille. Und seine Augen im fahlen Gesicht können schwarz umrändert sein (siehe die Anregungen zur Maske im folgenden Abschnitt). Beim Liebeswerben wird dann sein Gesicht rosig, und in der Kerker-Szene umrändern sich seine Augen wieder: dann rot. Als Kostüm hat er beim Aufblühen seiner Männlichkeit eine Strumpfhose, darüber ein weites, in den Schultern mächtig ausgepolstertes Hemd, das um die Hüfte durch einen Gürtel gebunden wird: aus dem alten, vergrämten Faust ist so ein junger Geck geworden. Gretchens Kostüm besteht vielleicht aus einem langen Rock, einem weißen Hemd und kann durch Betonung der erotisierend wirkenden Körperteile und einen unhistorischen langen Schlitz im Rock ebenfalls eine »phantastische« Wirkung bekommen.

Besonders viel Spielraum bietet sich bei dieser Version auch für die Ausstattung des Mephisto.

8.2. Maske

Dem Spaß an der Verwandlung durch Kostüme entspricht der Spaß der Verwandlung durch Schminke und Perücke: beides gibt es zu kaufen, historische Perücken sind relativ einfach zu entleihen. Doch auch hier läßt sich improvisieren, vorausgesetzt, man strebt keinen Film- oder Fernseh-Realismus an. Die Hilfe eines Kunsterziehers oder eines Frisörs ist

139

in jedem Fall angebracht und auch unschwer zu organisieren. Bevor man aber solche Hilfsleistungen und Hilfsmittel in Anspruch nimmt, sollte überprüft werden, welche Möglichkeiten die eigenen Haare eines Darstellers bieten. Ein Selbstversuch nur mit Wasser und Kamm wird jedem schon erstaunliche Verwandlungsbeispiele am eigenen Kopf zeigen. Auch an die Wirkung von Haarfärbemitteln sollte gedacht werden.

Beim Schminken gilt: Weniger ist oft mehr. Das »natürliche« Gesicht eines Darstellers hat in der Regel für sich schon sehr viel Interessantes zu bieten. In einem kleineren Raum kann auf jegliche Schminke verzichtet werden. In einem größeren Saal und bei extremer Beleuchtung ist anzuraten, die Gesichtszüge ganz sparsam nachzuzeichnen (Lippen, Augen, Wangenknochen, Nase). Die andere Seite ist das Betonen oder Retouchieren bestimmter Teile des Gesichts. Retouchen wirken allerdings im allgemeinen nur, wenn ein größerer Abstand zwischen Zuschauer und Darsteller vorhanden ist. Das (Über-)Betonen ist bei Laientheatern die beliebteste Art zu schminken: die rote Schnupfen- oder Trinkernase, das geschlagene blaue oder umränderte dunkle Auge, Sommersprossen usw. Wenn es dann gar ins Phantastische geht, sollte nur bedacht werden, daß die Maske kein kunstgewerblicher Selbstzweck ist, sondern immer figur- und stückbezogen bleiben muß.

Tier- oder Menschenmasken, die das ganze Gesicht oder den Kopf verdecken, lassen sich unter Anleitung in Schulen, Volkshochschulen und anderen Kulturzentren herstellen, indem man zum Beispiel eine Arbeitsgruppe dafür interessiert, solche Masken als Aufgabe für eine ihrer Arbeitseinheiten zu nehmen.

8.3. Requisiten

In große Not geraten Darsteller oft, sobald sie auf der Szene feststellen, daß sie Hände besitzen. Wohin mit denen?! Und da wirken Requisiten Wunder. Indem ich mich nämlich an einem Hut, einem Schirm oder einer Tasche »festhalten« kann, ist zumindest eine Hand »beschäftigt«. Diese Beispiele sind sehr allgemein. Richtig ist es natürlich, solche Requisiten zu finden und zu benutzen, die über die Figur, die sie benutzt, und die Situation, in der sie sich befindet, etwas aussagen. Ein Ehestreit etwa bekommt für den Zuschauer mehr Schärfe und ist für die Darsteller wirkungsvoller zu spielen, wenn die Frau während des Dialogs putzt (staubsaugt, wischt, kocht, einmacht, Hemden bügelt . . .) und der Mann es sich gutsein läßt (ein Bier trinkt, raucht, Zeitung liest, fernsieht, Briefmarken sortiert . . .). Damit habe ich gleichzeitig eine ganze Reihe von wichtigen und sinnvollen *Spiel*requisiten aufgezählt. Und wenn sich zum Beispiel ein Angeklagter vor Gericht zu verantworten hat, dann können sich seine Hände um ein Geländer klammern, er kann ein Taschentuch zerknüllen oder auch seine Brille putzen und dabei entspannt vor sich hin träumen.

Hier lassen sich also gleichfalls Hilfsmittel finden, die zur Verdeutlichung der einen oder anderen Spielweise nützlich sind. Und obendrein machen sie das Spiel »natürlicher« . . .

8.4. Licht, Projektionen

Anders als bei den bisher beschriebenen Hilfsmitteln ist das Licht eine mehr technisch-organisatorische Voraussetzung für das Theaterspielen: Der Zuschauer will *sehen*, was geschieht.

Anmerkungen zu zwei grundsätzlichen Möglichkeiten, die Szene zu beleuchten, sollen das Problem »Licht« kurz umreißen:

1. Wenig beliebt ist das Bemühen, ohne spezielle Lichteffekte auszukommen und die Bühne so zu beleuchten, als würde man an einem schönen Nachmittag unter freiem Himmel Theater spielen. Dies würde bedeuten, alle vorhandenen Beleuchtungskörper (seien es »normale« Lampen oder Theaterscheinwerfer) so ein- und auszurichten, daß alle sich auf

der Bühne befindenden Gegenstände und Personen im Rahmen des Möglichen gut zu erkennen sind. Dies hört sich simpel an, ist jedoch häufig wegen der Anzahl, Anordnung und Qualität der Beleuchtungskörper ein großes Problem. Weniger beliebt ist diese Version auch, weil es keine »Effekte« gibt, durch das Licht keine Stimmungen und keine Atmosphäre geschaffen werden. Zum anderen verlangt solch eine Beleuchtung von den Darstellern, daß sie – ähnlich wie es beim Shakespeare-Theater gewesen sein muß – dem Zuschauer durch ihre Spielweise suggerieren, es sei dunkel, dämmrig oder hell. Wer jedoch einmal eine gute *Straßentheateraufführung* bei einem der mittlerweile in fast jeder Stadt organisierten sommerlichen Festivals gesehen hat, wird eine solche Möglichkeit als reizvolle Anregung und Bereicherung aufgreifen.

2. Das Prinzip, mit sogenannten »Lichtstimmungen« zu arbeiten, bringt die Schwierigkeit mit sich, einerseits eine bestimmte szenische Situation durch Licht *illusionistisch* herstellen und andererseits den Zuschauer dabei berücksichtigen zu müssen: Als ich einmal *Das letzte Band* von Samuel Beckett inszenierte, hatten wir als einzige Lichtquelle auf der Bühne eine sehr grelle Lampe über einem Tisch. Trat nun der Schauspieler zwischen Tisch und Zuschauer, wurde er für das Publikum zum Schattenriß, das Gesicht war kaum mehr zu erkennen. Wollte man nicht das Gesicht durch zusätzliches Licht von vorne aufhellen, war diese Licht-Konzeption schon von den ersten Proben an mit zu berücksichtigen. Wir haben bei dieser Beckett-Inszenierung kein Licht von vorne dazugegeben, weil in dem sehr kleinen Theaterraum (100 Plätze) die ästhetische Wirkung sehr groß war und die Situation auf der Bühne ganz realistisch bleiben sollte. In einem größeren Theaterraum wäre das so natürlich nicht möglich gewesen. Wenn zusätzlich zur Original-Lichtquelle Licht benutzt wird, verstärkt sich der Eindruck des Theatralischen und Künstlichen: Jeder hat schon einmal im Theater oder Film den Vorgang beobachtet, daß eine Kerze angezündet wird und sofort der Raum in hellem Licht erstrahlt, selbst in

solchen Winkeln, wohin das Kerzenlicht aus physikalischen Gründen bestimmt nicht gelangen kann.

Wesentliches Kriterium bei jeglicher Anordnung und Einrichtung der Beleuchtung (unabhängig davon, wie gut die entsprechende Ausstattung ist) sollte sein, daß man sich klarmacht, woher auf der Szene, im Bühnenbild, das Licht kommt und welcher Art dieses Licht ist: ob mehr punktuell (von der Zimmer- bis zur Laternenlampe) oder flächig (Sonne/Mond) usw. Ein solches Vorgehen, wobei dann – wie das oben beschriebene Beckett-Beispiel zeigt – auch möglichst frühzeitig geprobt wird, erleichtert die Lichtregie und läßt manchmal unerwartete Wirkungen entstehen: Wenn etwa ein Schatten auf die Bühne fällt, bevor die dazugehörige Person sichtbar ist, wird die Aufmerksamkeit des Zuschauers in besonderem Maße geweckt. Daß mit Schatten-Spielen grundsätzlich viele Ausdrucksmöglichkeiten gegeben sind, soll hier nur angemerkt sein: ein Scheinwerfer, am Bühnenboden installiert und schräg nach hinten oben gerichtet, läßt jeden »normalen« Menschen durch sein riesiges Schattenbild zum Über-Menschen werden, und umgekehrt wird jeder im Lichtkegel eines an der Bühnendecke angebrachten und schräg nach unten gerichteten Scheinwerfers Stehende erbärmlich und verloren wirken. Das Licht ist also ein wichtiges Hilfsmittel, um die Konzentration des Darstellers wie des Zuschauers auf die jeweilige szenische Situation zu verstärken.

Höchst beliebt ist die Verwendung von Projektionen. Immer dann, wenn befürchtet wird, daß der Text eines Stückes oder die Art der Aufführung nicht aussagestark genug seien, werden bei Aufführungen gern Bilder und/oder Texte projiziert. Aber wenn, wie dies häufig vorkommt, mit der gerade gespielten Szene kein unmittelbarer Zusammenhang besteht, bedeutet die Verwendung des Hilfsmittels Projektion eher eine Minderung der Wirkung als eine Bereicherung des Theatralischen. Jede vom Darsteller selbst vermittelte Information erreicht den Zuschauer eher als eine von außen hinzugegebene. Oftmals werden textliche oder bildliche Informationen durch Projektionen vermittelt, weil das Bewußtsein dafür fehlt, den gleichen Inhalt unmittelbar theatralisch ausdrücken zu können. Auch das Bedürfnis, den Zuschauer zu »belehren«, findet häufig so einen übersteigerten und schulmeisterlichen Ausdruck. Und letztlich mag es ein wenig auch mangelndes Selbstvertrauen sein, das zum Hilfsmittel Projektion greifen läßt.

Das bedeutet nun nicht, daß Projektionen nicht sinnvoll sein können: 1. wenn aus der Szene heraus das Bedürfnis einer Verdoppelung oder Verstärkung entsteht. Ist zum Beispiel eine bestimmte Textpassage für die Figur eines Stückes und damit für die Interpretation der Aufführung von besonderer Bedeutung, kann die Verdoppelung oder gar Verdreifachung dieser Textpassage durch Projektion und Wiedergabe über Lautsprecher ein theatralisch sinnvoller und wirkungsvoller Vorgang sein. Oder: ich zeige einen Menschen bei seiner Alltagsarbeit, und im Hintergrund sind Dias mit Bildern seines letzten Urlaubs zu sehen usw. 2. Wenn es mir wichtig erscheint, den Zuschauer während der Umbaupausen eines Stückes nicht sich selbst zu überlassen oder die Spannung, sei sie heiteren oder ernsten Ursprungs, beim Zuschauer zu erhalten, so kann das mit Hilfe von Projektionen und Musik (siehe nächster Abschnitt) bewirkt werden. Nur: es sollte eben immer einen inhaltlichen und vor allem einen theatralischen Grund dafür geben.

8.5. Ton, Musik

Einige der Aspekte, die ich gerade beschrieben habe, lassen sich auf die Bereiche Ton und Musik übertragen.
Grundsätzlich gilt auch hier, daß Geräusche, Texte und Musik, die live während der Aufführung hergestellt werden, die Lebendigkeit und Publikumsnähe des Ganzen fördern. Wenn also ein Glas Wasser auf der Bühne zerbricht, so ist die beste Lösung, diesen Vorgang so einzurichten und zu üben, daß das Glas sichtbar und hörbar zerbricht. Die zweitbeste

Lösung ist, das Geräusch des Zerbrechens hinter der Kulisse unmittelbar während der Aktion in einem Behälter herzustellen und so zu verstärken, gegebenenfalls sogar über Lautsprecher. Die schlechteste Lösung ist, dieses Geräusch vorher aufzunehmen oder von einer Geräusch-Schallplatte auf Tonband zu überspielen und im entsprechenden Augenblick einzublenden. Eine gänzlich andere Möglichkeit wäre das für den Zuschauer sichtbare Produzieren, Verstärken oder Kommentieren von Geräuschen: Im Falle, daß eine Gruppe von Musikern bei der Aufführung mitwirkt (vor oder auf der Bühne), könnte diese Aufgabe mit Hilfe technisch-musikalischer Instrumente oder auch der menschlichen Stimme von den Musikern wirkungsvoll übernommen werden. Für jedes denkbare Geräusch, vom Gewitter bis zur fahrenden Eisenbahn, lassen sich mit viel Phantasie Lösungen finden.
Sollen nun gesprochene Texte eingeblendet werden, so ist auch hier meiner Meinung nach der unmittelbar während der Aufführung gesprochene Text der Tonkonserve vorzuziehen. Grundsätzlich ist zur Verstärkung der menschlichen Stimme anzumerken, daß jegliches Verstärken ein Verfremden bedeutet. Es ist also auch hier, wie bei den Projektionen, darauf zu achten, daß eine solche Verfremdung inhaltlich im Stück begründet bleibt. Wenn eine gesamte Aufführung wegen der akustischen Verhältnisse verstärkt werden müßte, würde ich, als erste Reaktion, die Möglichkeit einer Aufführung in solchen Räumlichkeiten in Frage stellen und nach anderen Spielorten suchen.
Und folglich gilt für die Bühnenmusik dasselbe Prinzip: Unmittelbar gespielte Musik, selbst wenn sie für Musik-Ästheten unzulänglich ist, bezieht den Zuschauer stärker ein als die beste Schallplattenaufnahme. Eine für mich ideale Einbeziehung der Musik ergibt sich, wenn die Darsteller selbst Instrumente beherrschen und diese Fähigkeiten in das Theaterspiel mit einbringen. Ich sah einmal eine Shakespeare-Aufführung, bei der die gerade nicht an szenischen Aktionen oder beim Bühnenumbau beteiligten Mitwirkenden teils sichtbar, teils hinter den Kulissen einige der Szenen und Dia-

loge musikalisch untermalten oder kommentierten. Dadurch gewann die Aufführung sehr an Direktheit und Farbigkeit.

8.6. Zusammenfassung »Hilfsmittel«

Richtig genutzt können die künstlerischen Hilfsmittel gerade für die Laientheaterarbeit von großer Bedeutung sein: wie bei einem Korsett wird der Bewegungsspielraum zwar eingeengt, doch gleichzeitig eine feste Form garantiert. Dem Darsteller können sie so Stütze und Orientierungsrahmen sein.

Die Erweiterung der technischen Mittel und Möglichkeiten, wie man sie beim Berufstheater, aber vor allen Dingen in Film und Fernsehen beobachtet, gleichzeitig der leichtere Zugang zu solchen Hilfsmitteln auch für Laientheatergruppen verführen leicht dazu, den eigentlichen Mittelpunkt des Theaterspielens, den Darsteller, in technischen Spielereien verschwinden zu lassen. Film, Video, Hörspiel usw. sind eigenständige Medien, die für solche Bedürfnisse mehr Raum bieten. Theater ereignet sich immer wieder neu und anders, und das liegt einzig und allein in den Charakteren, den Fähigkeiten, der Spiellust und manchmal auch Spielunlust der Darstellerinnen und Darsteller begründet.

Deshalb plädiere ich für die sparsame und vor allen Dingen inhalts- und darstellerbezogene Verwendung aller erwähnten Hilfsmittel.

9. Programmzettel, Werbung

»Hilfsmittel«, die nicht in den bisherigen Zusammenhang gehören, sind Programmzettel und Werbung. Während letztere zumindest bei all den Theatergruppen, die in festumgrenzten Bereichen wie Schule, Hochschule, Kirche, Verein usw. spielen, in der Regel keine Probleme mit sich bringt und außerdem Mundpropaganda nach wie vor – wie beim Berufstheater auch – die beste Werbung ist, möchte ich zum Thema

Programmzettel einige Hinweise anfügen: Vielfach wird den Programmzetteln, -heften, gar -büchern eine zu große Bedeutung beigemessen. Ein gutes Programmheft kann auch die schlechteste Aufführung nicht retten, und eine hervorragende Aufführung wird durch das Fehlen eines Programmhefts um keinen Deut schlechter. Mit einer geringen Einschränkung: Die einzige und wichtigste Information, die der Zuschauer unbedingt schriftlich für eine Theateraufführung haben möchte, ist die Besetzung des Stücks: wie die handelnden Figuren heißen, wer sie sind und wie ihre Beziehungen untereinander aussehen (z. B. Verwandtschaftsverhältnisse) und natürlich, wer diese Figuren spielt. Nützlich sind dann vielleicht noch einige wenige Angaben über den Autor und sein Stück (Entstehungszeit und -anlaß). Erklärungen, warum man dieses und kein anderes Stück gewählt hat, welches die Überlegungen zur Gestaltung des Bühnenbildes waren, gar, was der Zuschauer aus dem Stück für sich lernen soll, sind Informationen, die sich durch eine schlüssige Aufführung völlig erübrigen. Wenn der Zuschauer Gründe und Absichten der Theatergruppe nicht der Aufführung entnehmen kann, ist eine Ausbreitung all dessen in einem Programmheft eher verwirrend als helfend. Aufschlußreicher ist es oft, etwas mehr über die einzelnen Mitwirkenden zu erfahren: wer sie sind, was sie tun, wofür sie sich interessieren. Auf dem Besetzungszettel sollte unter dem Titel des Stücks immer seine Gattungsbezeichnung, so wie sie in der Regel im Textbuch angegeben ist, aufgeführt sein (z. B. Lustspiel, Tragödie, Stück usw.). Bei fremdsprachigen Werken muß der Übersetzer vermerkt werden. Falls das Stück eines noch geschützten Autors (vgl. 11) gespielt wird, ist aus rechtlichen Gründen auch der Originalverlag zu nennen. Wichtig für den Zuschauer ist vor allem zu wissen, ob und wann eine Pause stattfindet und wie lange die Aufführung dauert. Und schließlich sollten außer den Darstellern alle, aber auch wirklich alle genannt werden, die mitgeholfen haben, daß die Aufführung zustande gekommen ist.

10. Kunst und Alltag.
Einige abschließende Bemerkungen

An anderer Stelle habe ich schon darauf hingewiesen, daß Theaterspieler als einen wichtigen Grund für ihre Beschäftigung mit Rollen und Stücken die Lust an der Verwandlung angeben. Man möchte sich verkleiden, in die Rolle eines anderen schlüpfen, etwas möglichst dem Berufs- und Alltagsleben Entgegengesetztes tun oder zumindest einmal darstellen. Und das ist mit Recht ein wichtiger Grund, Theater zu spielen.

Schwierigkeiten und Enttäuschungen entstehen jedoch dabei zuweilen, wenn der Versuch, aus der Alltagswelt in die Welt der Kunst zu entfliehen, nicht recht glückt: indem der Darsteller etwa mit dem Text nicht zurecht kommt oder sich plötzlich der Unzulänglichkeiten seiner Bewegungen bewußt wird. Da endet dann das Bemühen um Kunst in Künstlichkeit und Verkrampfung. Der Darsteller redet und bewegt sich auf der Bühne anders, als er es in seinem Alltagsleben je täte.

Aus dieser Beobachtung, die jeder bei Laientheateraufführungen (und nicht nur dort) machen kann, wird häufig gefolgert, daß der betreffende Darsteller nicht »begabt« sei, daß ihm das »Handwerkliche« fehle. Letzteres stimmt zum Teil. Die Bewertung »begabt« oder »nicht begabt« hingegen erscheint mir höchst fragwürdig. Der sich linkisch bewegende und sprechende »Untalentierte« wird möglicherweise nach einigen Wochen mit Übungen, wie sie in diesem Band beschrieben wurden, kaum wiederzuerkennen sein. Ganz sicher jedoch helfen sie ihm, aus dem unbewußten ein bewußtes Spielen zu machen.

Ich verwandele mich nicht in einen Dorfrichter Adam oder in einen traurigen Liebhaber, indem ich mich als Person verleugne, sondern allein dadurch, daß ich die Wesenszüge und Verhaltensweisen des Dorfrichters Adam oder des traurigen Liebhabers in mir selbst entdecke. Die (wieder)gefundenen eigenen Ausdrucksformen werden mit der zu spielenden Figur zusammengebracht, der Dorfrichter Adam oder der traurige Liebhaber sind dann ein Teil von mir. Wenn ich nur so tue, als wäre ich traurig verliebt, wirkt das in der Regel albern. Wenn ich mich jedoch an eigene Situationen erinnere, in denen ich traurig und verliebt war, habe ich dazu ein persönlicheres Verhältnis, als wenn ich nur die Beschreibung eines anderen lese.

Wenn ich »spiele«, »so tue als ob«, bleibe ich persönlich unbeteiligt, und das, was zu sehen ist, wirkt abstrakt, künstlich, gar gezwungen. Wenn ich hingegen von mir selbst erzähle, kann ich viel eher Anteilnahme wecken.

Und so ist unversehens der Alltag beim Theaterspielen wieder dabei. Doch er wird aus einem gänzlich anderen Gesichtswinkel betrachtet. Nicht Alltagszwänge und -routine bestimmen das Verhalten und versetzen dabei den einzelnen in die Rolle eines Passiven. Vielmehr kommt so der umgekehrte Prozeß in Gang: Ein Darsteller benutzt seine Erfahrungen und Gefühle, er schöpft den Alltag zielbewußt für eine Theaterrolle aus und wird so aktiv, bestimmend.

Aus dem schier unerschöpflichen Erfahrungsschatz, den jeder einzelne hat, kann jeder Theatertext und jede damit verbundene Situation in fruchtbarer Weise angereichert und dadurch wirkungsvoll werden. Wenn wir also unseren Alltag und unsere damit verbundenen Erfahrungen auf die Dichtung zu übertragen versuchen, eignen wir uns einen solchen Text an. Dann ist Kunst nicht etwas Fremdes, Entrücktes, sondern wird für alle Beteiligten etwas Unmittelbares. Das geschieht selbst dann, wenn uns Sprache, Zeit und Milieu zunächst fernliegen: durch unsere Auseinandersetzung damit und unsere Inbesitznahme entsteht etwas Neues, das mit uns selbst als Darsteller wie als Zuschauer zu tun hat. Und das sollte das Hauptanliegen aller sein, die Kunst, Literatur, Musik und Theater lieben und etwas damit anzufangen versuchen.

11. Stücke

Das nachfolgende Verzeichnis von Autoren und Titeln will nicht mehr als eine erste Hilfe bei der Suche nach geeigneten Stücken bieten. Es kann und will nicht umfassend sein. Vielmehr sollen auch hier Anregungen gegeben werden, selbst bei Autoren, in Zeitepochen usw. nachzuschauen, die einem bislang im Zusammenhang mit der Suche nach Stücken für das Laientheater nicht in den Sinn gekommen sind. Die genannten Stücke halte ich, wenn auch z. T. aus unterschiedlichen Gründen, für besonders geeignet.

Autoren, deren Todesdatum nicht länger als 70 Jahre zurückliegt, sind noch geschützt; bei Aufführungen ihrer Werke sind Tantiemen zu entrichten. Diese Aufführungsrechte lassen sich meist über den zuständigen Verlag erwerben. In jedem Fall ist bei der Stückwahl die rechtliche Seite zu prüfen. Ist der Autor vor mehr als 70 Jahren gestorben, fallen – außer bei Neuübersetzungen oder Bearbeitungen – keine Tantiemen an. In diesem Fall ist nur das Problem der Beschaffung eines Textbuchs zu lösen. Viele der im folgenden aufgeführten Theaterstücke sind in Taschenbuchausgaben leicht greifbar; hier ist der jeweilige *Verlag* angegeben. In allen anderen Fällen wird auf die *öffentlichen Büchereien* verwiesen.

Im Autoren- und Titelverzeichnis verwendete Abkürzungen:

m = Darsteller, w = Darstellerin
z = mehr als 4 Bühnenbilder
a = abendfüllend, na = nicht abendfüllend
Reclam = Reclams Universal-Bibliothek

Autor	Titel	Gattung	Entstehungszeit	Besetzung	Bühnenbilder	Länge	Ausgabe – Fundort
Aristophanes	Der Frieden	Komödie	5. Jh. v. Chr.	11 m 2 w	2	a	öffentliche Bücherei
Fernando Arrabal	Picknick im Felde	Farce	20. Jh. (50er Jahre)	5 m 1 w	1	na	Deutscher Theaterverlag
Francis Beaumont / John Fletcher	Der Ritter von der brennenden Keule	Spektakel	Anfang 17. Jh.	25 Rollen beliebig Mehrfachbesetzungen möglich	z	a	öffentliche Bücherei
Jakob Bidermann	Cenodoxus	Schauspiel	Anfang 17. Jh.	4 m 3 w kleinere Rollen	z	a	Reclam (8958 [2])
Calderon de la Barca	Dame Kobold	Komödie	Anfang 17. Jh.	5 m 4 w	z	a	Reclam (6107)
Georges Courteline	Possen (Szenen)	Posse	19./20. Jh. (Jahrhundertwende)	unterschiedlich	je 1	a	öffentliche Bücherei

Autor	Titel	Gattung	Entstehungszeit	Besetzung	Bühnenbilder	Bühnen- Länge	Ausgabe – Fundort
Wolfgang Deichsel	Frankenstein – Aus dem Leben der Angestellten	Szenenfolge	20. Jh. (60er Jahre)	unterschiedlich	je 1	a	Wagenbach (Quarthefte 57)
Tankred Dorst	Die Kurve	Farce	20. Jh. (50er Jahre)	3 m	1	na	öffentliche Bücherei
Joseph von Eichendorff	Die Freier	Komödie	Anfang 19. Jh.	8 m 3 w	z	a	Reclam (7434)
Bruno Frank	Sturm im Wasserglas	Komödie	20. Jh. (30er Jahre)	11 m 4 w	2	a	öffentliche Bücherei
Pamphilus Gengenbach	Die Gauchmatt	Fastnachtsspiel	Anfang 16. Jh.	13 Rollen beliebig	z	a	öffentliche Bücherei
Michel de Ghelderode	Die Ballade vom großen Makabren	Poetisches Spektakel	20. Jh. (30er Jahre)	10 m 2 w	4	a	Deutscher Taschenbuch Verlag (in: 1626)
Johann Wolfgang Goethe	Der Bürgergeneral	Komödie	Ende 18. Jh.	5 m 1 w	1	na	öffentliche Bücherei

Autor	Titel	Gattung	Zeit	Besetzung		Anzahl	a/na	Ausgabe
Johann Wolfgang Goethe	Die Laune des Verliebten	Schäferspiel	Ende 18. Jh.	2 m	2 w	1	a	Reclam (108)
	Die Mitschuldigen	Komödie	Ende 18. Jh.	4 m	1 w	2	a	Reclam (100)
	Satiren, Farcen, Hanswurstiaden		Ende 18. Jh.	unterschiedlich		z	na	Reclam (8565 [3])
	Urfaust	Schauspiel	Ende 18. Jh.	9 m	3 w	z	a	Reclam (5273)
Nikolaj Gogol	Die Heirat	Komödie	Anfang 19. Jh.	7 m	4 w	2	a	Reclam (7687)
	Der Revisor	Komödie	Anfang 19. Jh.	21 m	4 w Mehrfachbesetzungen möglich	2	a	Reclam (837)
Carlo Goldoni	Das Kaffeehaus	Komödie	Mitte 18. Jh.	6 m	3 w	1	a	öffentliche Bücherei
	Viel Lärm in Chiozza	Komödie	Mitte 18. Jh.	9 m	5 w	4	a	Reclam (8568)
	Die vier Grobiane	Komödie	Mitte 18. Jh.	6 m	4 w	2	a	öffentliche Bücherei

Autor	Titel	Gattung	Entstehungs-zeit	Besetzung	Bühnen-bilder	Länge	Ausgabe – Fundort
Andreas Gryphius	Absurda Comica oder Herr Peter Squenz	Lustspiel	Mitte 17. Jh.	12 m 2 w	2	a	Reclam (917)
	Die geliebte Dornrose	Lustspiel	Mitte 17. Jh.	8 m 2 w	2	a	öffentliche Bücherei
	Horribili-cribrifax Teutsch	Lustspiel	Mitte 17. Jh.	12 m 8 w	z	a	Reclam (688[2])
August Hinrichs	Krach um Jolanthe	Volksstück	20. Jh. (30er Jahre)	6 m 2 w	1	a	Deutscher Theater-verlag
Ludwig Holberg	Jean de France oder Hans Franzen	Komödie	Anfang 18. Jh.	7 m 3 w	z	a	öffentliche Bücherei
	Jeppe vom Berge	Komödie	Anfang 18. Jh.	11 m 1 w	z	a	Reclam (9968)
	Der politische Kannen-gießer	Komödie	Anfang 18. Jh.	3 m 2 w kleinere Rollen	1	a	Reclam (198)

Autor	Titel	Gattung	Zeit	Besetzung			Ausgabe
Arno Holz/ Oskar Jerschke	Traumulus	»Tragische Komödie«	Ende 19. Jh.	3 m 2 w	z	a	öffentliche Bücherei
Eugène Ionesco	Die kahle Sängerin	Absurdes Theater	Mitte 20. Jh.	3 m 3 w	1	na	Deutscher Theater-verlag
	Die Nashörner	Absurdes Theater	Mitte 20. Jh.	11 m 6 w	4	a	Deutscher Taschen-buch Verlag (in: 1626)
Alfred Jarry	König Ubu	Absurdes Theater	19./20. Jh. (Jahrhundertwende)	16 m 2 w beliebig Mehrfachbesetzungen möglich	z	a	öffentliche Bücherei
Ben Jonson	Volpone	Komödie	Anfang 17. Jh.	12 m 2 w	z	a	Reclam (9733 [4])
August von Kotzebue	Die deutschen Kleinstädter	Komödie	Anfang 19. Jh.	5 m 4 w	2	a	Reclam (90)
Nikolaus Lenau	Faust	Schauspiel	Anfang 19. Jh.	16 m 8 w	z	a	Reclam (1524 [3])

Autor	Titel	Gattung	Entstehungszeit	Besetzung	Bühnenbilder	Länge	Ausgabe – Fundort
G. E. Lessing	Der junge Gelehrte	Komödie	Mitte 18. Jh.	4 m 2 w	1	a	Reclam (37[2])
Lope de Vega	Der Ritter vom Mirakel	Komödie	Anfang 17. Jh.	15 m 3 w Mehrfachbesetzungen möglich	1	a	öffentliche Bücherei
Christopher Marlowe	Die tragische Historie vom Doktor Faustus	Spektakel	Ende 16. Jh.	22 Rollen beliebig	3	a	Reclam (1128)
Slawomir Mrozek	Stücke	Politisch-absurdes Theater	20. Jh. (50er bis 80er Jahre)	unterschiedlich	z	a	öffentliche Bücherei
Alfred de Musset	Mann soll nichts verschwören	Komödie	Mitte 19. Jh.	8 m 2 w	z	a	öffentliche Bücherei
Johann Nestroy	Eulenspiegel oder Schabernack über Schabernack	Posse	Mitte 19. Jh.	16 Rollen Mehrfachbesetzungen möglich	z	a	öffentliche Bücherei

Johann Nestroy	Freiheit in Krähwinkel	Posse	Mitte 19. Jh.	15 m 10 w	z	a	Reclam (8330)
	Frühere Verhältnisse	Posse	Mitte 19. Jh.	2 m 2 w	1	na	Reclam (4718)
	Häuptling Abendwind	Operette	Mitte 19. Jh.	6 m 1 w	1	na	Reclam (3347)
	Judith und Holofernes	Travestie	Mitte 19. Jh.	21 m 4 w Mehrfachbesetzungen und Rollenkürzungen möglich	3	na	Reclam (3347)
	Die schlimmen Buben in der Schule	Posse	Mitte 19. Jh.	12 m 3 w kleinere Rollen	1	na	Reclam (4718)
Plautus	Aulularia / Die Goldtopfkomödie	Komödie	2. Jh. v. Chr	8 m 3 w	1	a	Reclam (9898 [2])
	Die Gespensterkomödie	Komödie	2. Jh. v. Chr	10 m 3 w	1	a	öffentliche Bücherei

Autor	Titel	Gattung	Entstehungs- zeit	Besetzung	Bühnen- bilder	Länge	Ausgabe – Fundort
Plautus	Miles gloriosus	Komödie	2. Jh. v. Chr	9 m 3 w	1	a	Reclam (2520)
Franz von Pocci	Kasperl- komödien		Mitte 19. Jh.	beliebig		a	Reclam (5247)
Ferdinand Raimund	Der Alpen- könig und der Menschen- feind	Zauber- märchen	Mitte 19. Jh.	22 Rollen beliebig Mehrfach- besetzungen möglich	z	a	Reclam (180)
	Der Bauer als Millionär	Zauber- märchen	Anfang 19. Jh.	30 Rollen beliebig Mehrfach- besetzungen möglich	z	a	Reclam (120)
	Die gefesselte Phantasie	Zauber- märchen	Mitte 19. Jh.	18 Rollen s. o.	z	a	Reclam (3136)
	Der Ver- schwender	Zauber- märchen	Mitte 19. Jh.	36 Rollen s. o.	z	a	Reclam (49)
Hans Sachs	Fastnachts- spiele		Mitte 16. Jh.	beliebig			Reclam (7627)

Autor	Titel	Gattung	Zeit	Besetzung			Quelle
Jewgenij Schwarz	Der Drache	Märchen-komödie	20. Jh. (40er Jahre)	18 m 6 w Mehrfach-besetzungen möglich	z	a	öffentliche Bücherei
	Der nackte König	Märchen-komödie	20. Jh. (30er Jahre)	17 m 6 w Mehrfach-besetzungen möglich	z	a	öffentliche Bücherei
Terenz	Heautontim-orumenos / Einer straft sich selbst	Komödie	2. Jh. v. Chr.	3 m 3 w	1	a	Reclam (7683 [2])
Ludwig Thoma	Erster Klasse	Komödie	Anfang 20. Jh.	7 m 2 w	1	na	öffentliche Bücherei
	Die Lokalbahn	Komödie	Anfang 20. Jh.	11 m 4 w	1	a	Reclam (9951)
Anton Tschechow	Der Bär Der Heirats-antrag Die Hochzeit (Einakter)	Schwank	Ende 19. Jh.	unterschied-lich	je 1	na	Reclam (4454)

Autor	Titel	Gattung	Entstehungszeit	Besetzung	Bühnenbilder	Länge	Ausgabe – Fundort
Günther Weisenborn	Die Ballade vom Eulenspiegel, vom Federle und von der dicken Pompanne	Spektakel	20. Jh. (40er Jahre)	9 m 3 w	z	a	öffentliche Bücherei
Peter Weiss	Wie dem Herrn Mockinpott das Leiden ausgetrieben wurde	Spiel	20. Jh. (60er Jahre)	19 Rollen Mehrfachbesetzungen vorgesehen	z	na	öffentliche Bücherei
Oscar Wilde	Bunbury	Komödie	19./20. Jh. (Jahrhundertwende)	6 m 4 w	3	a	Reclam (8498)
Thornton Wilder	Glückliche Reise	Schauspiel	20. Jh. (30er Jahre)	2 m 2 w Kinder	keine	na	Deutscher Theaterverlag
	Unsere kleine Stadt	Schauspiel	20. Jh. (30er Jahre)	13 m 4 w	keine	a	Deutscher Theaterverlag